人脈複利

打造高價值連結，安永、嬌生、花旗銀行等財星500大企業的職場必修課

iPEC與PCC專業認證教練
蜜雪兒・提利斯・萊德曼
Michelle Tillis Lederman
溫澤元——譯

The Connector's Advantage

7 Mindsets to Grow Your Influence and Impact

獻給老公麥可（Michael），

你是我這輩子最美好的人脈。

獻給孩子，詹姆斯（James）與諾亞（Noah），

我們這輩子永遠都會緊密連結！

目次

7 心態四：信任思維

8 心態五：樂於社交、富有好奇心

III 多元發展

——擴展人脈的方式

11 社群人脈與科技工具

12 打造永續多元的人脈連結

推薦序
掌握人脈王的思維

我創立的「國際商界人脈」（Business Network International，ＢＮＩ），如今已是全球最大的人脈擴展組織。起初，我的願景是打造一間跨國企業，但我的顧問公司其實還需要更多人的推薦與引介。因此，我邀了一群值得信賴的夥伴來開會，表示很願意把他們推薦出去，同時也希望他們能幫忙宣傳我的公司。打從一開始，我就堅信結構與系統無比重要。我們會確保團體內每位成員經營的業務毫無重複。消息慢慢傳了開來，大家聽說我們這個團體的人脈關係能有效擴展業務，因此越來越多人想加入這個集會。在第一年，也就是一九八五年，我們成立了二十個分會。如今我們在全球已有八千多個分會，總會員數已逾二十五萬人。

關於擴展人脈、建立人際關係的方式，以及如何成為人脈王，一路以來我學了不少。蜜雪兒．提利斯．萊德曼（Michelle Tillis Lederman）在書中推廣的哲學、思維以及實際行動，跟我們教給每位BNI會員的方法不謀而合。

現在我想跟讀者分享我早期就學到的觀念：擴展人脈不像狩獵，而像農耕。擴展人脈的目的不在於獲得短程績效或即刻的滿足感，而是培養細水長流的人際關係和友誼。如果能與具有相同核心價值的人締結關係，就能創造出無與倫比的人際網絡。

BNI提出的一項指導原則是「**付出者有所得**」（givers gain）。如果想提升業務，就得先釋出業務。你必須抱著公開、坦率的心態，隨時給予他人協助，並且接受自己或許不會在當下立刻看到成效。這個原則其實是來自「種善因得善果」這個淵遠流長的概念，而它更精確體現「**富足思維**、**信任**、**慷慨**」的人脈王思維。接下來，讀者也會在書中進一步了解上述三大人脈王思維。

這些年來，我發現成就非凡的人脈王都具備幾項關鍵特質。譬如：這些人樂觀正向，總是洋溢快樂的氛圍。他們積極替這個世界創造更多美好事物，而且具有貫徹始終的精神。因此每次人脈王受到引薦，他們都會努力爭取。除此之外，優秀的人脈王通常都有絕佳的聆聽技巧，同時也非常值得信賴。他們總是敞開心胸，跟形形色色的人見面開會或合作。而跟他們共事的人來自各個社會階層，就連弱勢族群也不例外。畢竟，若要建立強大的人際網絡，多樣性絕對是關鍵，因此蜜雪兒才會運用第三部分的全部篇幅，來告訴大家如何讓人際關係更豐富多元。只要身邊有更多來自各領域的佼佼者，你就更容易被轉介、推薦出去。其實人脈就像個各路人馬的集合體，你永遠不知道自己認識的人握有哪些人脈。我們在BNI推動的計畫就印證了這一點。BNI會員透過推薦與轉介，替會員擁有的企業帶來高達一百三十六億美元的收益。

蜜雪兒的《人脈複利》之所以深得我心，是因為她清楚點出如果要創造強健的人脈網絡，上述特質與技能是必備條件。此外，她也屢次證明這些特質都是學得來，而且可以持續改進的。如果你覺得自己不是社交好手，別擔心，蜜雪兒會告訴你該怎麼做。如果你認為自己不善於信任他人，我敢保證讀完這本書，你對別人的信賴度會大幅提升。就算現在你不覺得自己是人脈王，未來還是有機會成為建立人脈的樞紐，而成為人脈王所需的知識就在這本書中。付出者有所得，人脈王也同樣收穫滿滿。

伊凡·米斯納（Ivan Misner）
BNI創辦人

自序
人人適用的人脈拓展策略

我一點也不幸運。抽獎摸彩的得主從來都不是我，玩樂透連五塊美元也沒贏過。但大家總說我是幸運兒。不過他們錯了，我並不幸運，我只是一位人脈連結者。

二〇〇一年，我在大型顧問公司任職。由於同事經常出差、在外奔走，所以就算好一陣子沒見到同期的新進員工，我也沒有察覺到任何異樣。傳聞說有位新進員工被解僱了，但我心想這或許是單一個案。然而，就在二〇〇一年夏天的某個禮拜一，我跟幾十名同事被叫進會議室。天真如我，完全不知道在我之前公司已經進行三輪裁員。

我嚇傻了，我從來沒被解聘過。我以為自己做得還不錯，從績效評估來看我的表現也不差。但最後我還是被叫進會議室。當我邊跟幾個朋友道別，邊準備離開公司時，大家都用充滿懷疑的眼神盯著我看。

隔天，思緒稍稍沉澱之後，我打了通電話給一起念商學院的好朋友狄恩，向他分享這個不是太美好的消息。他一聽，就直截了當地說：「來我公司上班。」

既驚訝又困惑的我問：「我去你那邊能做什麼？」他當下沒空仔細解釋，只說：「明天來我辦公室一趟。」隔天我到辦公室找他，談到同學的近況，聊起彼此約會或交往的對象，最後也討論到在大型銀行上班的他，會需要哪些專業協助。狄恩請我禮拜四再來公司一趟，跟他的主管馬克見面。我正好閒來無事，也不清楚未來到底想做什麼，不過在交易所上班似乎是件刺激有趣的事。隔天，跟馬克談了整整一個小時後，他問：「妳能明天就來上班嗎？」我一時說不出話，這已經是本週第二次了。狄恩在這時插話，建議我下週一再到職。我就依照狄恩的建議於下週一報到。

距離被裁員還未滿一週，我不僅還在領前東家的薪水，還有幾週的遣散費可拿，但我竟然已經跟知名大銀行簽下長期合約了。這算我運氣好嗎？不對，這全是人脈的功勞。

這類事件我經歷過無數次，我也會在書中跟大家分享幾個實例。不過這種看似偶然間水到渠成的好事，不只發生在我身上。很多人都有過這種經驗，他們就是所謂的人脈王。

成為一名人脈王並非遙不可及的夢想，這本書的目的就是協助你達成願望。《人脈複利》是我第一本書《人脈，從建立好感開始》（*The 11 Laws of Likability*）的續作，但就算沒有讀過第一本書也不影響對本書的理解。我會在第一部分重點摘要相關內容，讓所有讀者跟上腳步。

做研究是這本書的寫作過程之一。我跟在本地大學任職的同事合作，將數個具有效力的問題彙整成問卷調查，來驗證我對人脈王的預測，看看他們是否真的具有特定特質、行為以及思維。我總共回收七百四十二份問卷，這些受訪者的背景非常多元，其中有高達八二％的受訪者自認是人脈王，這點其實不令我意外。

來自美國的受訪者占大多數，比例將近八三％。但整體來看，所有受訪者的來源國已涵蓋全球七五％的地區。而受訪者中女性占六五％，持有大學學歷者則有八〇％。這群受訪者最多元的特點在於職稱與服務產業。問卷中列出的所有職稱選項都有受訪者代表，他們總共來自三十七個不同的產業。

調查結果一方面符合我的預期，另一方面又令我意外。接下來，我也會在書中分享特定研究發現。雖然人脈王的某些人格傾向較為顯著，例如高度自我價值感與情商較高，但整體差異並不懸殊。令人振奮的是，這些人格特質能透過鍛鍊來養成。我們並不會受到天生個性的限制，這實在是好消息。後天養成能夠改變先天性格，任何人都能成為人脈王！這裡所強調的重點，就是所有人都能建立人脈。我撰寫這本書的目的有三，那就是證明：

一、人際關係與人脈，是成效、成功與快樂的關鍵。
二、人脈王具有特定思維，能建構強健的人際關係。
三、**任何人**都能將這套思維行動與自己的人際互動方式結合，從中看出成效。

寫作過程中，我不斷與他人分享這本書的概念。我讓大家知道我的目標，告訴他們我希望任何人都能運用書中傳達的思維，將人脈王行動融入日常生活中，進而看出成效。分享的同時我也不忘傾聽，而大家的回應都十分踴躍！朋友跟同事都告訴我他們希望在書中讀到哪些內容，以及會使用哪些工具，還有想深入認識哪些工具。多虧這些回饋，我才能有源源不絕的靈感。

當初我寫書的動機，是想分享自己對人脈的觀點，後來我竟然也成功與許多人建立人脈。出於各種原因，這些人都非常善於跟各式各樣的人締結多元的人際關係。因此我開始從自己的人脈與熟人中挑選適合分享的案例，藉此向讀者介紹更多元的專業技能。在書中，我請來幾位朋友與專家同事現身說法。他們的觀點與知識不僅豐富了本書的思維，也讓這本作品更為受用。

這本書正是為你而寫。如果你已經開始建立人脈，但一切努力都看似徒勞無功；如果你資質聰穎，但其他人似乎都更領先一步；如果你正在找新工作或渴望升遷；如果你腦中有絕妙的想法，但大家似乎都不感興趣。如果你的現況符合上述情境，那絕對不能錯過這本書！就算你已經是人脈王，這本書肯定也能讓你更上層樓。

PART

I

何謂人脈王？
——建立人脈之重要性

建立人脈非常重要。人際關係能改善你的成效、影響力，更能讓你更快達成目標。此外，建立人脈也能讓你更健康快樂。本書的第一部分清楚印證上述說法。我將人脈王描述成一種人格類型，不過幾乎所有人都具有人脈王的部分特質。現在就來看看你落在人脈王光譜上的哪個位置，以及該往哪個方向努力。

1 人脈是生涯複利的關鍵

「友善待人，真心對你遇見的每個人感興趣，跟你喜歡的人保持聯繫。這麼一來，就會有一群人願意傾注心力幫你，因為他們了解你也賞識你。」

——矽谷知名創投家蓋伊．川崎（Guy kawasaki）

真誠的人際關係，能帶來真正的成效

「**真誠的人際關係，能帶來真正的成效。**」打從一開始經營事業時，這句話就是我的座右銘與品牌主張。我之所以秉持這番信念，並不是因為我清楚知道這個方法行得通，單純是因為我想以這個理念來經營、主導自己的業務。這純屬個人偏好，不過我的事業也確實有所成長。

無論是找工作、求升遷、發展新事業或是尋求推薦，不管目標為何，人際關係都能帶來機會。不過多數人都以為人際關係會從天而降，我們認為自己會在機緣與巧合之下遇見對的人。但正是這種心態，讓我們錯失了無窮無盡的大好機會。

我是這麼想的：在農業時代，民眾最大的資產是土地。來到工業化時代，資產指的是機器。進入資訊時代後，數據和科技成為我們的資產。**在人類社會邁向網絡時代之際，最重要的資產就是人際關係**。這裡所謂的人際關係不僅指個人與個人之間的關係，更包含個人與組織的關係。當我們喜愛且信任某些品牌，也願意不斷回頭消費時，我們就與那些品牌產生了連結。

重點在於，人脈網絡能幫助你實現理想。在本章節中，我會分享為何我們擁有的人際關係以及建立的人脈，對我們來說如此重要，甚至對我們任職或時常造訪的組織來說更是不可或缺。

我在第一本著作《人脈，從建立好感開始》中，試著解釋自己是如何一步步建立「領導關鍵」（Executive Essentials）這家公司，並解答大家常問我的一個問題：「我該如何建立自己的事業？」除此之外，我也研究了提升好感度與建立人脈的方式。在本書中，我會分析並解釋人脈王的思維模式，而所謂的人脈王就是指以人與人際關係為導向的人。我深知身為人脈王能獲得哪些益處，也想把這些知識分享給你們。不僅如此，我也希望你們能體認到，任何人都能將人脈王的思維與行為應用在人際互動中，進而與我享有同等的益處。

這裡所謂的益處又是什麼？簡單來說，建立人脈與人際關係能讓你更輕鬆且更迅速地推行計畫或業務，通常還會帶來更美好的成果。這本書就是最佳例證。跟一位人脈聊過之後，我就寫下本章序言，靈感更是隨之而來。另外，我也在書中引介我的幾位人脈，將他們的專業技能與讀者分享。對我來說，這遠比只呈現我自己的觀點還更有效用。

運用人脈，更快達標

我的客戶辛蒂，在紐約替現任雇主工作約莫六年。在這份工作之前她住在美國南部，離童年成長的家鄉不遠，當時她已經準備好要到外地闖蕩。她跟前公司的經理聯繫，表示：「我想找份新工作，你手邊有什麼機會嗎？」短短一週內，他在任職的銀行內替辛蒂安排幾場面試，有幾個部門都邀請她來上班。後來辛蒂如何選擇？當然是再次成為前上司的下屬囉！

如果有可直接聯繫的對象，或是透過某人的朋友接洽，都能提升達標的速度。以辛蒂的例子來看，在景氣繁榮時要找到工作通常要等半年。由於她鎖定的職缺門檻較高，如果又碰上經濟不景氣，求職期甚至有可能長達一年。但辛蒂只花六週就找到工作。她不用在線上求職平台搜尋，也不必透過獵人頭公司牽線，更無須經歷人資部門的審核。她直接向有權決定是否雇用她的主管聯繫。人脈連結讓她跳過層層關卡審核，直接到夢想中的紐約上班，而且整段過程輕鬆又迅速。

輕鬆、有效率固然很好，但身為人脈王最不可思議的效應，在於最後的成果總是超乎預期。克莉絲頓．拉莫赫（Kristen Lamoreaux）如今在自己創辦的人力資源顧問公司「拉莫赫搜尋」（Lamoreaux Search）擔任執行長，過去她就曾在大型不動產組織內部協助引介人才。當她還在企業內部任職時，她就替公司找到適合擔任資訊總監的人才。這位資訊總監後來跳槽到規模更大的公司擔任類似職位。

某次克莉絲頓約他出來吃午餐，告訴她：「我在考慮自己出來獨立門戶。」她記得那位資訊總監立刻表示：「我這邊有十四個不錯的人選，我再把他們介紹給妳。」拉莫赫搜尋就這樣成立了，進度與成效完全超乎她所預期。

聽起來完全不費吹灰之力，對吧？他們之間的人脈連結早就已經形成。他們早就對彼此感到信任，而信任就是業務的催化劑。他們之間的連結穩固長存，克莉絲頓的事業也蒸蒸日上。而且，那位資訊總監除了會用拉莫赫搜尋來獵才外，還會把握人脈推薦的人才，比方說，有次克莉絲頓打給他，只在電話裡說：「我手上有個人才，你需要見一下。」他說：「太好了，現在還不用寄履歷表給我，先約時間碰個面吧。」最後他也雇用了這位候選人。

有時候人脈只能替你省下一些時間，但無法帶來渴望的成效。在寫這本書的時候，我曾經動念想跟 LinkedIn 合作，就跟在 LinkedIn 擔任高階主管的人脈聯繫。請她替我詢問後，我很快就得知原來 LinkedIn 不跟書籍合作。這位人脈替我省下好幾個小時的功夫，讓我不用花那麼多時間和心力，去做注定無法達成的事。

為何人脈對你來說不可或缺？

花時間想一想，讀完這本書之後你希望獲得哪些成效。對於現階段人生，你還有哪些期許？以下提出五大常見回覆：

一、「我想升遷」或「我想獲得夢寐以求的好工作」。另外，也有人想成為合夥人、加薪，以及獲得更多客戶。

二、「我想找份新工作」或「我想轉換跑道」。

三、「我正著手創辦自己的事業」。也有人希望能擴展現有業務、招攬更多生意，或是替事業募集資金。

四、「我想快樂生活」或「我希望身體更健康」。同時，大家也說希望自己更具影響力、意見更受他人重視，以及更投入手上的工作。跟健康相關的回覆，則提到希望能減輕壓力、一天比一天更有活力，以及更加長壽。

五、「我都知道……我只是想要擴展人脈。」

你的目標有在上述五大項之中嗎？繼續往下讀，了解人際關係能如何替上述常見目標，以及你願望清單上的其他項目帶來正面效應。

升遷與夢寐以求的好工作

步入職場一段時間後，幾乎每個人都會將升遷列為目標。但是要如何成功升遷呢？從現實面來看，幕後高層判定你值得更高的位階時，就能順利升遷。你需要有人能公開替你撐腰說話。根據 LeanIn 基金會（Leanin.org）與麥肯錫進行的近期研究，男性升遷至管理階層的機率比女性高出三〇％。[1] 其中一項原因是男性有更多機會跟頂層領導者互動，因而建立人脈。也有研究證實，有導師或顧問從旁協助的人，在五年間的升遷機會比沒有導師或顧問協助的人多出五倍。[2] 在找一份好工作時，這項策略也派得上用場。我當時對第一份工作不是很滿意，因為公司並未徹底履行招聘時開出的承諾。我向當時聘用我的資深經理反應，表示公司沒有依約指派賭場客戶給我，這點令我失望。然而，正因為我主動反應，主管遂履行承諾，讓我在一個月內到巴哈馬負責賭場業務。

如果跟上級主管之間沒有穩健的關係，那就好好培養。如果同事經手的計畫非常有趣，不妨到他們的辦公室敲敲門，詢問是否有你幫得上忙的地方。只要讓他們知道你有時間與熱忱，或許下次他們就會考慮多找個人來幫忙。

新工作

十多年來，我持續追蹤統計數據，觀察有多少比例的工作是靠人脈牽線得來的。在二〇〇〇年初期，公司中僅約過半數的工作是靠人脈介紹而來。美國勞工統計局指出，此數據經過這幾年已有兩位數的成長。統計局與 LinkedIn 共同進行的近期研究指出，有八五%的工作都是靠認識的人引薦而來。[3]就領導階層的職位來看，這個比例甚至可能更高。

統計數字證實人際關係能讓你更快且更輕鬆地找到工作，有時還能帶來更令人意想不到的好職缺。我就知道有些人的職位是專門替他們量身打造的。那些公司非常想延攬人才，卻又找不到合適的職缺，就特地為他們設計適合的職位。除非聽聞有公司正在招募人才，否則是不可能找到新工作的。不過通常公司在網路上公開職缺時，內部候選人或推薦人選早就在排隊了。如果你對新開的職缺感興趣，不妨向我的客戶辛蒂那樣探探公司主管的口風或意向。此外，你也可以利用社群媒體來建立人脈。根據《Fast Company》雜誌，有七九％的求職者會用社群媒體來找工作。而進入職場未滿十年的求職者中，甚至有八六％的人會用這個方式來求職。[4] 當然，公司也在使用社群媒體。因此只要與更多人相互連結，雇主或招聘人員就更有可能搜尋到你。

我的編輯的先生，最近就靠人脈找到新工作，新工作位在對他來說相當新鮮的城市，更屬於截然不同的產業。他選出幾家感興趣的公司，並與每間公司的內部人員聯繫，很有禮貌地請對方安排諮詢式面談。就在兩個月內，他飛到那座城市進行幾場面談，堅定展現為新工作搬家的意願。之後他收到兩份錄取通知。假如他當時只填寫求職表單，沒有進一步的動作，今日根本不會有這樣的成果。

開創事業

開創事業的理想與抱負我很能感同身受，當年我也是這樣走過來的。創業需要資金、顧客、推薦人，以及經營事業的基本知識等，不過這些要素都能透過人際關係獲得。儘管資金或許是最大的障礙，但對的人際關係至少能替你安排籌資面談。艾里．荷瑞（Ari Horie）成立「女性創業實驗室」（Women's Startup Lab），目的就是替女性企業家籌措資金。根據數據研究公司 PitchBook 的調查，在二〇一七年，女性創業者僅獲得全體創投資金的二％。[5] 艾里認為女性位於權力核心之外，因此屈居劣勢。她想要改變現狀，並指出：「我們提供這個平台，讓女性創業家能逐步推動自己的事業。她們之前缺乏的就是建立人脈網絡的管道。」艾里的策略會奏效並不是沒有道理。一路以來，她藉由此平台讓女性企業家認識對的人，從中獲得力量，成功幫助她們推動事業。

人際關係能讓你的事業順利起飛。民眾通常會對熟悉的人事物抱持信任，也會相信群體共識、處境相同者的意見，以及其他消費者對某產品或服務的看法。這就是Yelp、Angie's List、爛番茄影評網等推薦網站的力量所在。根據尼爾森（Nielsen）統計，如果某產品或服務獲朋友推薦，民眾消費的意願就會增加四倍。[6] BNI針對三千多位商業人士調查，半數以上都表示在他們的顧客中，有七成以上是透過他人引薦而來。[7] 榮獲諾貝爾獎的心理學家丹尼爾・康納曼（Daniel Kahneman）曾說，民眾偏好跟自己喜歡或信任的人做生意，不願與不信任或不喜歡的人合作。[8] 到頭來，低價或高品質商品的吸引力通常還是遠不及人際關係的影響，民眾會選擇想**跟誰**合作。

快樂與健康

「讀完本書後，你期待看見哪些成效？」雖然「活得快樂健康」聽起來並未直接回答這個問題，但我猜大家都想活得更快樂健康吧？人脈正好能幫助我們達成這個目標。這麼說大家或許不意外，如果你對世上歷時最長的研究略知一二，肯定更清楚人脈對快樂與健康的貢獻。一九三八年，正值全球經濟大蕭條時期，哈佛大學研究團隊展開針對成年人生活的研究。研究計畫主持人暨精神科醫師羅伯特・瓦爾丁格博士（Dr. Robert Waldinger）表示：「良好的人際關係能讓人更健康快樂。」[9]人類天生就習慣群聚生活，因此良好的面對面互動和人際關係，對情緒狀態相當關鍵。

人脈對整體健康甚至是壽命，都有非常深遠的影響力。楊百翰大學（Brigham Young University）的教授茱莉安・浩特朗斯泰德（Julianne Holt-Lunstad），透過一份包含三百四十萬名參與者的研究歸納出，社會隔離與孤獨對死亡率的影響比肥胖還大，而缺乏社會連結對健康造成的風險，與一天抽十五根菸不相上下。她發現具有較多社會連結的人，早逝的風險比孤獨的人低五〇%。[10]生活福祉與人脈緊密相關的證據不勝枚舉。研究顯示穩固的社會連結能強化免疫系統、降低壓力賀爾蒙濃度，更能刺激大腦分泌多巴胺，進而產生愉悅的感受。[11]人脈連結不僅能帶來愉悅的感受，對我們來說更是益處無窮。

人際關係也會影響工作時的快樂度。根據《應用心理學》（*Journal of Applied Psychology*）期刊，緊密的職場友誼能讓雇員滿意度提升五〇%，同時也預計能增加員工幸福感。[12]根據蓋洛普公司的「全美職場狀態」（State of the American

Workplace）報告，若能在職場上交到摯友，員工投入工作的可能性也會成長為七倍。[13]人際關係更能提升你的影響力和創造力。研究證實，一個人的創造力有多高，能從他的人際關係質量來判斷。因為靈感激盪碰撞的方式，以及他人如何形塑、改造你的想法，都會對創意和創造力帶來影響。[14]根據《行銷學會期刊》（*Journal of the Academy of Marketing*），如果身為員工的你受到喜愛，同事長官就會認為你更值得信任，也會覺得你的想法更可靠。工作時的快樂感和投入程度，其實深受你與上司的關係影響。韋萊韜悅企管顧問公司（Towers Watson）的研究顯示，若員工相信管理階層確實將他們的福祉放在心上，這點最能驅動他們投入工作。[15]我常說，如果想成為以人際關係為導向的領導者，只需要向員工證明兩件事：你關心同樣身而為人的他們，並在乎他們所在乎的一切。有這樣的老闆，還有什麼好抱怨的呢？

增進人脈優勢

許多讀者對上述論點早就不陌生。你們親眼見證人際關係能在生命中發揮多大力量，也享受身為人脈王帶來的各項正面效益，無須他人費心解釋。現在，你們只想知道如何更進一步發揮人脈優勢。因為你們希望能持續擴展人脈，培養、強化身邊的人際關係，鞏固人脈王的身分。而這本書正能派上用場，請繼續往下讀。

思維任務

創造連結的互動練習

身為組織發展領導者與作家的彼得．布洛克（Peter Block）指出：「我們必須與其他人建立個人連結，先有連結才有內容。缺少關係，什麼事都做不了。像是《強而有力的問題》（*Ask Powerful Questions: Create Conversations that Matters*）一書的作者威爾．懷斯（Will Wise），便提出非常實用的練習，讓人在參與下一場會議時，先不要立刻切入重點，而是先刻意創造連結，並測試這樣做效用如何。」

步驟一：提出強而有力的問題，藉此開啟對話。這個問題應該要能讓在場人士相互連結，並且與你參與會談的目的相關，更要創造機會讓人卸下心防。

利用《人脈，從建立好感開始》中的提問技巧。避免提出以「為什麼」開頭的問句，而是利用「如何？」以及「什麼？」等開放式問題來降低他人的防備，讓他們開口交談。威爾最愛的問題是：「你預計達成什麼目標？這個目標有何重要之處？」

步驟二：將問題拋到團體中討論五分鐘。

步驟三：邀請大家在大團體中分享自己的回覆，進一步建立集體共識。專家建議接著問：「回覆中有哪些點打動你？」

這個練習讓我們在進入正題之前，花不到十分鐘就能建立連結、熟悉彼此，理解對方到場與會的動機。

卓越品牌的成功關鍵：建立強連結

Netflix 一問世就這麼受歡迎不是沒有道理的。民眾會選用 Netflix，並不是因為他們懶得開車去百視達租片回家追劇，而是因為 Netflix 跟顧客建立起親密的人際關係。Netflix 記得你看過什麼影片、影片上一次停在哪裡，更會推薦其他你可能會喜歡的節目。Netflix 就是會員經濟的最佳例證，他們的成功絕非偶然。蘿比・凱爾曼・巴克斯特（Robbie Kellman Baxter），就以此為主題寫了一本書。

蘿比發現，跟其他以傳統交易模式為主的公司相比，Netflix、LinkedIn、Spotify 以及亞馬遜的估值是五到十倍，因為他們與顧客建立起**關係**。[16] 對這些公司來說，會員制度是一種思維。事實上，他們不僅立刻提供新會員價值，更會讓這份價值長期延續。她接著解釋：「能成功滿足顧客需求並與顧客建立關係的公司，就是市場上的贏家。」而顧客的多項需求也都符合馬斯洛的需求層次理論，如規避風險、獲得歸屬感，以及貢獻受到認可。另一方面，數據也清楚證實，連結對顧客而言不可或缺。比方說，《哈佛商業評論》（*Harvard Business Review*）指出，二〇一一年起，訂閱產業每年的成長率都是二〇〇%。[17]

反過來看，這個道理依然成立。公司若沒有與顧客建立關係或服務不周，就會流失業務，顧客也不會持續回流。每個人心中都有不願再度造訪消費的公司，原因可能是過去曾受到令人不滿的對待，或是該公司目前的理念與我們不符。對我來說，不管發生什麼事，我都斷不會跟某間手機公司往來。不管他們推出多棒的方案，或是提供多棒的免費手機，我都絕對不會上門消費。我曾經耗費好幾個小時，跟他們差強人意的客服部門來回周旋，那些寶貴的時間我怎麼樣也要不回來。

某些公司會告訴顧客他們**無法**提供哪些服務，這種事我們都經歷過。不過，我們也知道雖然某些商店的產品較昂貴，但他們將焦點擺在他們**能**提供的服務上。某些人抵制特定公司或產品的原因，比我拒絕手機公司的理由更重大且意義更深刻，他們不贊同那些公司推崇的理念。例如：有些公司會進行動物實驗，或是從使用童工的地區取得產品原料。不管原因為何，結果都是一樣的，那就是強烈抗拒與特定公司互動或拒絕支持他們的產品與服務。

讀到這裡，你們或許也想起某間非常排斥的公司或店鋪。讀著讀著，你們彷彿再次體驗那段經歷，或內心充滿怒火。不過換個角度，你們心中肯定也有非常喜愛的公司。雖然聯合航空（United Airlines）的信譽曾面臨挑戰，但我算是他們的忠實乘客。一開始是因為他們的樞紐機場離我家很近，飛行常客的里程數也非常好用。不過真正讓我對他們死心塌地的一點，是每次打電話過去時的絕佳體驗。

用我的電話撥打聯合航空的客服時，他們不用經過驗證就知道我的身分，還會準備好我的訂位紀錄。某次我打電話過去想更改航班，但那張機票是透過第三方網站訂購的。坦白說，訂票時我根本沒有仔細閱讀條文，所以那張機票其實無法更改，就算付費也沒辦法。不過，客服人員並沒有將我轉接給第三者，讓對方來拒絕我。那位客服請我稍等，並代我詢問主管，重新接起電話時更帶來好消息：我可以提早回家，而且還不用額外付費！聯合航空多次協助我克服旅行難題，而這只是近期發生的案例罷了。雖然我不是聯合航空的貴賓或重要會員，但他們還是樂於協助，所以我都會盡量選搭聯合航空。

如果想分辨自己的事業是否以關係為基礎，可以先從你的商業模式開始思考。

蘿比將營業模式光譜的兩個端點，描述成手銬與磁鐵。屬於手銬類型的公司，會用長期合約與罰款來迫使顧客留下來。這種組織是靠綑綁來建立忠誠度。而屬於磁鐵類型的 Netflix 則非常自豪，因為即使顧客隨時都能解約，多數人還是選擇留下。長遠來看，你覺得哪一種經營模式會勝出呢？

信任感勝過一切

就算跨出商業界，人際關係同樣不可輕忽。根據哥倫比亞大學師範學院（Columbia University's teachers college）的研究，如果要判斷組織中的某人是否會捐款，最強而有力的因素就是信任感。如果要判斷他人奉獻給予的意願，信任感的預測力遠大於其他因素，例如收入、種族、性別、教育程度，以及行動所帶來的價值。[18]

根據二〇一七年的顧客評論調查，八五％的民眾都願意相信網友的評價。[19] 如果你也曾在網路上，因為某商品獲得滿分評價而決定購買的話，對這個數字絕對不意外。假如消息與評價是來自認識的人，信任感就更強了。若是認識者的推薦，有九二%的人願意相信。[20]對多數人而言，只要在網路上讀過一到六則評價，他們對某樣商品的觀感大概就已成形。而經過驗證的商品評價，則能讓潛在顧客感受到該公司的可信度，了解他們對待顧客的方式。這麼一來，顧客就能更輕鬆判斷該離哪些公司遠一點，省下時間以及辛苦工作賺來的錢，不讓這兩樣珍貴的資源白白浪費。

優秀的組織都在想辦法建立人際關係與信任，「捐款者選擇」（Donors Choose）就是最佳例證。查爾斯．貝斯特（Charles Best）曾在布隆克斯地區（Bronx）擔任歷史老師，當時他自掏腰包幫學生購買生活補給品，後來發現應該也有其他人願意幫忙。因此他成立「捐款者選擇」這個非營利組織，讓捐贈者能夠根據自己選定的資訊，例如興趣、熱情、地點，甚至還可以篩選老師的姓氏，來決定將錢投注在哪位老師的教學計畫中。他發現只要清楚公開資金流向，讓捐款人知道錢被用在哪裡以及誰身上，捐款金額就會隨之上升。這個組織也會以教師的名義來採購，鞏固捐款者對組織的信任感。捐款人永遠不用擔心學生無法從中受益。這也是因為，公開透明的操作能帶來信任感。

人際關係會影響員工績效和生產力

致力於追求打造頂尖團隊時，谷歌發現如果要打造高績效團隊，就要讓團隊擁有充足的「心理安全感」（psychological safety）。這個詞彙是由哈佛商學院教授艾美．艾蒙森（Amy Edmondson）提出，意指「互信互賴的安全感，相信團隊不會因為某人公開發言，就令那人難堪，或是拒絕、處罰他。在這種團隊氛圍中，成員會互相信任、尊重，大家都能舒服自在地做自己。」[21]而**人脈**就是這種信任感的重要基礎。

蕾貝卡．斐瑟．羅德斯科（Rebecca Friese Rodskog）是「未來領導力」（Future Leader Now）的共同創辦人，這個機構專門提供諮詢，協助打造放眼未來的職場文化。蕾貝卡發現，源於工業革命並延續至八〇年代的企業文化，原先是以階級為核心概念，但現在已經轉變成以人為本或首重人脈的組織。她表示：「大家都體認到，現在的工作不像以前那樣獨立存在。以前公司能將每個小步驟指派給不同員工，命令他們完成任務。如今，工作得靠人際關係與影響力來完成。擁有最佳人際關係的人，能夠完成最多工作，職涯成就也最亮眼。」她也發現願意培養員工人際關係的組織生產力最高，通常也會被視為最適合工作的環境。因此，這些組織都能輕鬆招攬到頂尖人才。她的客戶麒點科技（Kronos），是家成立已逾四十年的科技公司。這家公司在人力資源上投注不少心力，也非常在乎工作團隊的人際關係。因此在二〇一八年，他們首次躍上職缺評價網 Glassdoor 之員工選擇獎（Employees' Choice Awards）的最佳雇主清單中。蕾貝卡解釋：「這家公司的企業宗旨之一是『人比程序還重要』。他們不僅重視人脈，更會彼此扶持，不受職位階級或程序的限制和影響。他們深信這就是成功關鍵。」而統計數據也印證了這點。根據淡金集團（Temkin Group）進行的研究，自認樂業投入的員工當中，九三%的人會在上班時竭盡全力。[22]而優質的職場人際關係，能讓公司的表現蒸蒸日上。

思維任務

三要點打造人脈連結文化

關於文化中的人際連結會對個體與組織的健康和表現構成哪些影響，邁克爾・李・斯塔拉（Michael Lee Stallard）對此有相當專精的研究。在暢銷著作《人脈連結文化》（*Connection Culture*）中，邁克爾描述三大值得留意的文化，並解釋這些文化如何影響健康和表現。

一、**控制文化**：具有權力、控制權和影響力的人統治其餘個體。

二、**漠然文化**：大家都忙於工作，沒時間建立人脈或打造正向扶持的人際關係。

三、**人脈連結文化**：大家都感受到與上司、同事、組織和其成員之間的連結。

可想而知，控制與漠然文化會讓人感到疏離、孤單以及遭到排除。這兩種文化會掏空組織中個體的能量與熱情。相反地，人脈連結文化則能提升員工的投入程度，有效找出短期可執行的策略及目標，促進決策品質和創造力，進而帶來表現優勢，使組織從中受益。根據邁克爾的說法，領導人若能傳達激勵人心的目標，重視他人價值，並給予大家發聲的機會，就能打造出人脈連結文化。邁克爾針對目標、價值和發聲等概念提出以下想法，讓大家成功打造人脈連結文化並從中獲益。

- **目標**：提出令員工自豪的任務宣言或理念聲明。不管是與內外部人員互動或是做決策，這番聲明都該被當成最高指導原則。比方說，好市多的「做對的事」（Do the right thing）就是個很棒的例子。在全美最佳大型企業雇主清單中，好市多就是不斷躍上排行榜的常勝軍。
- **價值**：將每個人當成人類同胞與獨立個體對待，他人的價值就會隨之浮現。領導者能花時間認識工作團隊，了解他們的工作歷史，以及哪些因素有助於激發他們拿出最佳表現，這樣就能展現對他人價值的重視。找出團隊成員的職涯目標，讓他們的工作方向與職涯目標契合，助他們離目標更進一步。此外，也可以了解員工的背景，以及日常興趣與嗜好。

- **發聲**：發聲指的是在做最終決策前，尋求他人的意見和想法，並將這些點子納入考量。這個做法能展現出你的誠信與謙卑。針對某項工作或議題做決策時，洽詢最相關的核心人物，他們通常能給出最棒的想法。

只要能傳達激勵人心的理念、重視他人價值，並讓每個人有發聲的機會，就能讓個人與團隊拿出最好的表現，成就卓越與非凡。

無論是出於個人動機還是想讓事業更上一層樓，人脈無疑能讓事情開展得更輕鬆迅速，通常也能帶來更理想的結果。這本書的存在，就印證了人脈的強大力量，因為我透過自己的人脈以及人脈的人脈，將許多專家的建議納入書中。就舉麥爾坎．葛拉威爾（Malcolm Gladwell）為例。我想在書中引述他說過的話，但無論是在各大社群媒體上聯絡他，還是透過推特發送訊息，都完全沒有收到回音。我曾考慮是否要跟他的公關人員或出版商聯繫，但後來決定先問問值得信賴的人脈，其中就有人把他的電子信箱給我了。我發信詢問後，他也在一天之內回覆。人脈讓我能直接與他聯絡，不必四處追查他的蹤影。人脈能讓事情進展得更快、更順利，並帶來更美妙的結果，指的就是這個意思。人脈真的辦到了！這種美好的效益你也能享有。

重點回顧

人脈能讓事情進展得更快、更順利，通常還能帶來令人出乎意料的絕佳成效。

人脈無比重要，因為人脈能協助你升遷、找到夢寐以求的好工作，或找到新工作。八五%的工作與業務都是來自人脈的介紹。

事業需要人際關係。若某樣商品獲得朋友推薦，民眾消費的可能性就會翻為四倍。

不管是在職場上還是生活中，**保有人脈的人更快樂**。人際關係能提升你的影響力與創造力。

信任感對組織而言不可或缺。以人際關係為本的事業，例如訂閱產業中的公司，自二〇一一年起每年的成長率皆為二〇〇%。

2 建立人脈的祕密武器

「簡單來說，好感就是給人正向的情緒體驗……若能讓他人感到自在愉快，他們就會受你吸引。」

——前雅虎行政總裁提姆．桑德斯（Tim Sanders）

奠定長遠人脈的根基

坦白說，好感度跟人脈密不可分。事實上，「討人喜歡」能帶來人脈，而且它通常也是長遠人脈連結的根基。在《人脈，從建立好感開始》一書中，我深入分析如何運用好感的力量，也解釋何謂好感、以及好感如何發揮效用。當然，每個人都獨一無二，這是非常值得喝采及欣然採納的事實。雖然每個人吸引他人的特質各不相同，但提升好感的基本要素一般來說大同小異，這就是我在《人脈，從建立好感開始》所探討的主題。我在該書深入分析了提升好感度的十一條「法則」，並仔細剖析每條法則，看看這些法則在商務與社交環境中如何運作，以及該怎麼應用在日常生活中。

由於好感度與人脈連結在本質上密不可分，因此接下來我會摘要描述各項法則的必備基礎知識。讀者若有興趣延伸閱讀，可以將《人脈，從建立好感開始》找來看，但就算不讀也無妨。雖然我不會再次詳述前一本書裡的實際案例，但所有與好感和人脈相關的重要須知都已涵蓋在本章節中。如果你最近讀過《人脈，從建立好感開始》，可以直接跳過本章進入第三章。

提升好感度的十一條法則

一、**真誠法則**：真實的你無可取代。

所謂的真誠指的是展現真實的模樣，例如最誠實的反應，以及與生俱來的能量。事實上，與他人分享真實的一面，是建立真正人際關係的關鍵。如果你能展現真實的面貌，他人就會親切、友善地回應，替相互理解、人脈和成長打下基礎。真誠法則指的就是以真實的自我示人，讓別人看見你最自然的一面，且在面對自己時也是如此。這項法則深植於其他法則之中，不僅是提升好感度的關鍵，更是建立實質人脈的最重要利器。

- **做自己**：無論是通宵派對還是先行離席，是擔任全場焦點還是待在小團體中，只要你的感覺對了，那就是最「正確」的選擇。依照內心最真實的感受行事，其他人就會給予正面回應。
- **建立你想建立的人脈**：最穩健的人脈連結，是你真心關切而且在乎的人際關係。
- **實踐、轉念或刪除**：了解你的選擇，並調整態度來呈現最真實的自己。從**必須**或**應該**採取的行動中，找出意義感，進而轉化這些行動為你**能做**或**想做**的事。如果**必須**或**應該**執行的任務非當務之急，不妨先刪除它們，決定權在你手上！
- **如果非得演戲，就演得像一點**：碰到棘手的情況或難以相處的對象時，盡量找出其中的優點或好處，讓互動更正向且更有意義。

二、**自我形象法則**：先對自己產生好感。

為了能真誠地建立有意義的人脈，你必須展現真實性格中的優點。換句話說，在期待他人對你產生好感之前，**你**必須先喜愛自己。許多讀者都很清楚自己有哪些基本的強項與長處，通常也能在各種場合展現自信。不過就算是最信心滿滿的人，偶爾也會有自我懷疑的時候。因此，花時間好好評估自己的價值，投入你能有所貢獻的領域，藉此強化自我形象。

- **人們相信自己的感知**：你對他人的觀感影響了你對他人的評價，因此你的自我感受也會影響你對自己的評價。
- **對自己好一點**：這不只是個聽起來舒適愉快的想法，更具有科學根據。以積極正向的態度自我對話，就有可能往成功邁進，實際提升生產力。
- **調整心態**：藉由定期回顧自己締造的實際成就，與自我進行積極而非消極的對話。同時，清楚定義目標成效，歡慶每次的進展，進而重新定義障礙和挑戰。

- **先假裝，直到成為真實**：假裝自己已經成功調整思維或達成渴望目標，這個方法能有效讓你適應新的思維模式與策略。在真正吸收新的行為模式或實踐目標之前，假裝自己「已經」辦到了。

三、**印象法則**：人們把感受當事實。

不管你在他人心中留下什麼印象，別人在有意無意間對你言談舉止的詮釋，都會影響他們對你的評價。換句話說，我們對外在事物的評價，取決於我們所相信的事實。

每個人都有自己的經歷，也會根據自己認定的事實來理解他人，這種認知模式並沒有錯。而印象法則主要在談他人如何評價我們，以及你與他人初次相遇時留下哪些印象。為了理解印象法則，我們也必須對第一印象這個子法則有所認識。我們都希望自己舉止得體合宜，因此第一印象至關重要。第一印象就是我與你初次交流的經驗，在未來的各種場合中，我對你的感受也會大受第一印象所左右。

- **第一印象子法則**：留下良好的第一印象，比修正負面的第一印象容易許多。

因此，初次見面就要給對方留下好感。

- **人們塑造自己的形象**：在對他人產生第一印象之際，我們也會依據第一印象予以他人評價。同理可證，請拿出自己最真誠的一面，讓他人認識最自然真實的你，影響他們對你的看法。
- **了解自己的風格**：了解自己的主導溝通風格為何，留意身邊的人具有哪種溝通風格，藉此塑造積極有益的形象並避免誤解。
- **保持開放的心態**：當你與他人的人脈連結越來越深厚穩健時，請保持開放的心態，隨時調整對他們的認知。這麼一來，他人也更有可能會抱持開放的態度，改變對你的看法。
- **始終如一**：以正向積極的方式傳達真誠的自我，確保你的文字、口語表達和肢體語言等各種溝通模式都協調一致。
- **擺脫自我懷疑**：運用說好話、正向轉念、先假裝，直到成為真實，以及由外而內成長法則等策略，來喚出最好的自己，並將這些形象傳達給他人。
- **保持彈性**：留意自己釋放的訊號，注意他人傳達的訊息，必要時調整你的言談和行為，讓他人感知到最真實的你。

四、**能量法則**：能量具有強大感染力。

在互動過程中，每個人散發的能量都會影響人際關係的動態。因此，請更留意自己的行為與感受，留心對方的表現和感覺，觀察你們的能量對互動帶來哪些效應。這麼一來，你就能有效掌控好感度，建立有意義的人脈。事實上，我們通常對自己散發的能量渾然不覺。然而，我們的溝通方式與效力會受能量影響，能量就像是一把雙面刃，能助你一臂之力或扯你後腿。

- **找到對的能量**：傳送真誠的能量並不是要你隨時都開心快樂，而是就算你身處困境或面臨挑戰，還是能以真誠自然的面貌示人，並持續建立正向的人脈連結。
- **辨別你與他人的能量**：辨別自己在特定情況下散發何種能量，能讓你了解自己為雙向互動帶來哪些效應，以及能做出哪些改變來帶出最正向的成效。若能辨別他人散發的能量，就能在必要時調整自己的能量，確保一切事物能照常運行。
- **能量認知是強大的利器**：隨時間演進，我們會更充分理解自己與他人的能量，這對鞏固人脈與提升生產力來說是一大關鍵。而能量期望則是我們根據對能量的認知，對自己與他人抱持的期待。

- **運用你的人脈能量**：判斷能在哪些情況下傳達最正向真誠的能量，這項關鍵能力能創造最有效的人脈連結佳機。

五、**好奇心法則**：好奇心能創造人脈。

發自內心對他人感到好奇，就能讓對話更真誠愉快，替長遠的人際關係打下基礎。只要記得保持好奇心，就算你是多年來已累積許多經驗的專業人士，也熟知人脈之重要性並成功建立重要人脈，還是能夠持續從中受益。讓他人知道你是真心誠意對他們感興趣，不僅能提升他們對你的好感度，或許還能帶來你意想不到的好機會。你的目標是找出自己與對方的共通點。

- **以好奇心為出發點**：運用你的好奇心來展開對話，開創談話的管道與契機。
- **學習提問**：開放式問題能創造談話交流的機會，而利用探索式問題來繼續跟進，則能讓談話建立的連結更深入穩固。

- **切勿審問**：保持好奇並持續提問，讓對話內容更具效益。但別忘了，對話是雙向交流，因此自我分享不僅是談話的一部分，更是建立人脈連結的關鍵。
- **克制使用網路的傾向**：儘管我們能利用網路來查資料、替會議或活動做準備，並建立相關背景知識，但不要做得太過火。因為知道太多會扼殺提問的機會、澆熄好奇心，阻斷展開真誠對話的可能。請適可而止。

六、**傾聽法則**：先有傾聽，才有理解。

我們在前段提到，好奇心法則指的是提出聚焦且深入的問題來尋找連結。而傾聽法則也大同小異，目的是要我們積極聆聽，吸收對方透露的訊息。記住：傾聽並非被動行為。積極傾聽時，我們必須全神貫注於對方釋放的訊息與背後的意涵，而不是接收你以為或想要他們傳達的內容。若要建立良好的溝通模式，傾聽和傳達訊息的方式兩者一樣重要，而它們對好感度的影響更是不容小覷。重點在於，我們要學會有效地傾聽。

- **透過傾聽來理解**：如果希望他人能理解自己，我們就必須確實傾聽他們傳達的內容，藉此理解他們。

- **運用三階段傾聽法**：第一階段**接收訊息**，將聽到的內容與自己做連結，找出彼此的共通點，讓對談更輕鬆愉快。第二階段則是**留意重點**，將你聽到的內容與對方做連結，運用好奇心法則來探查對方的興趣和觀點。第三階段為**直覺傾聽**，這個強大的工具能讓你更深入理解當下情況，或許還有助於讓說話者傳達他們從未說出口的概念或想法。
- **傾聽方式是關鍵**：抱持謙卑的態度，以全新的角度和觀點來傾聽，讓對話更加活絡，並建立有意義的人脈連結。別忘了在專注傾聽時，眼睛與耳朵有時要並用。
- **控制注意力**：需要重新集中注意力時請說出口（說就對了！），動筆寫下你的思緒，之後才不會為了記下這些想法而分神。如果你已經累到沒有精力繼續投入互動，可延後行程或改期。
- **改善傾聽能力**：讚賞自己在傾聽時已經做得不錯的優點，記下還需要改進的地方，並制定計畫來加強這些項目。

- **好的傾聽能創造雙贏**：傾聽不僅能讓對方感到自己的聲音被聽見和理解，更能提升你對整體情況的體驗，促進人脈關係的建立。

七、**相似法則**：大家都喜歡跟自己相似的人。

不管相似之處為何，發現自己與他人具有共通點，能讓我們在互動時更輕鬆自在。而找出彼此的相似之處和關聯，能讓你與新朋友接觸時更自在，他們也不會感到不安或尷尬。這個法則能讓對話更順暢，更能讓你持續發掘彼此的共通點，找出更多能建立人脈的連結。儘管我們不一定能明顯看出自己與對方的共通點，但是在轉化人脈為有意義的人際關係時，我們必須學習如何留意彼此共有的關聯。

根據相似法則，我們與新朋友往來時，應該留意共同點或相似之處來建立信任。雖然與他人建立連結的方式無窮無盡，但只要運用好奇心法則和傾聽法則，你就能辨別出自己與某人的共通點，看出你們會在哪些特點上自然建立連結。

- **關聯子法則**：我們通常會信任熟人提供的消息或資訊。只要跟備受信賴的人有所關聯，大家對他的信任也會延續到你身上。

- **找出彼此的連結**：尋找彼此共有的嗜好、出身背景、經歷以及信念等有助於建立人脈的相似之處。
- **鏡像模仿對方的行為**：如果在對話過程中覺得很自在愉快、投入其中，你可以透過肢體語言來仿效對方的態度和舉止。但不用刻意展現，只要順其自然，運用你與生俱來的「鏡像模仿」能力即可。
- **相似處未必顯而易見**：別被外顯差異唬住，只要努力開發，搞不好能找出令人意想不到的相似之處。

八、**情緒記憶法則**：比起你說過的話，別人更容易記得你帶給他們的感受。

無論感受是正面還是負面，你對某人或某情境的體驗，通常會在互動結束後持續蕩漾。而你腦中留下的印象，會決定某人或某個事件帶給你的感受，這就是所謂的**情緒記憶**。在別人腦中留下關於你的正向情緒記憶，是提升好感度的一大關鍵。

在建構情緒記憶時，必須同步運用自我形象法則、印象法則與能量法則。在進入某個情況或場合時，你散發的能量會主導你的用字遣詞和肢體語言。這些言談舉止都會將你的能量傳遞給他人，進而影響他們對你與當下情境的情緒記憶。保持高度覺察，就能有意識地影響這個建構情緒記憶的循環。

- **如何說比說什麼還重要**：比起說出口的一字一句，你展現的能量通常會在他人身上留下更深刻且長遠的印象。
- **運用語言、肢體和能量**：前述的用字遣詞、肢體語言和能量轉移策略，也能用來創造正向情緒記憶。你的自我認知和呈現自己的方式，會直接影響你在他人心中留下的印象。
- **欣賞、讚美並尋求意見**：表達他人有哪些令你欣賞的特點，能讓他們感到被理解。而尋求對方的意見則能讓他覺得備受重視，同時也能展現你心中柔軟、脆弱的一面，這些都有助於建立信任。請利用這兩項強而有力的工具來創造正向情緒記憶。
- **知道何時該劃下句點**：在最恰當的時候退出對話，確保能留下最正向的情緒記憶，讓你有機會進行極具效益的後續追蹤行動。

九、**熟悉度法則**：我們會對熟悉的人事物感到特別輕鬆自在。

多與他人保持聯繫，或讓他人接收關於你的消息，他們對你的信任就會與日俱增，與你互動時也會更輕鬆自在。此外，藉由各種方法、透過不同理由來定期與他人聯絡，你們之間的連結就會逐漸開展，熟悉感和好感度也會直線上升。

話說回來，透過正向聯繫來讓別人記住你，跟死纏爛打到讓人想把你封鎖，這兩者必須清楚區隔。不管你是否與他人面對面互動，都要記得創造心理與肢體熟悉度，這樣才能讓好感逐漸升溫。

- **建立熟悉度**：利用社群軟體、祝福短訊、個人推薦和寄送問候訊息來讓別人記得你。
- **持續對話**：利用科技工具和社交平台來提升與他人互動的機會。
- **保持真誠**：以對你來說最自然、真誠的方式來使用電子媒體工具，不要過度侵略、造成他人困擾，只需要出現在他們的交友圈中即可。

十、**付出法則**：主動付出；能夠付出，是因為你有能力；付出能創造價值。

提升好感度並促進人脈連結的一大利器，就是能理解他人的需求，並樂意協助他人達成目標。只要同時運用其他好感度法則，我們就能發揮創意，擴展自己能提供給他人的價值，並以各種方式直接針對他們的需求給予資源或扶持。

提供他人價值的方法不勝枚舉，每個人都能有貢獻一己之力的地方。無論是推薦資源、創造機會讓他人進行有意義的互動，還是提供回饋與協助，只要找機會付出力量，就能發揮所謂的付出法則。事實上，若能把握每次幫助他人的機會，就會發現各式透過給予來讓人際關係更具價值的方法。

- **展現同理心**：慷慨付出的方法百百種，包含替他人介紹有益的人脈、多邀請人來參加活動或聚會、分享資源、幫個小忙或是提供自己的見解。
- **你也有能力給予協助**：主動判斷能如何協助身邊的人，再制定詳細的行動計畫，列出你想幫助的對象，以及如何落實付出法則。接著就著手進行吧！
- **種什麼因，得什麼果**：雖然在付出法則之下，你不一定每次都會獲得明確的回報，但只要多慷慨付出，肯定也會從中受益。
- **將愛傳下去**：持續付出，將你從他人身上獲得的善意和慷慨傳遞下去。同時，主動無私地幫忙他人，讓付出的正向循環持續運轉。

十一、**耐心法則**：耐心等待，好事終會降臨。

耐心等待絕對會帶來成效。你永遠不曉得好事什麼時候會降臨，只要耐心等待，渴望的成果總有一天會現身。在實際運用其他十大法則之前，我們必須先謹記耐心法則。當然，對自己與對別人都得抱持耐心，包含耐心發掘彼此的相似之處、耐心建立人際關係、耐心培養信任感和熟悉度。保持耐心的意思是在決定採取某項行動時，不要預期任何回報或效益，而是單純因為你有能力或想這麼做。此外，保持耐心指的也是知道並相信在宇宙的某處，有某些人或某些善良無私的行動，正因為你運用了好感度法則而從中受益。

- **回饋的方式難以預料**：你大概無法預期自己的慷慨行動能獲得哪些回報，也無從得知是否會直接得到回饋。但這都不要緊，善意絕對不會有去無回，有時只是不那麼顯而易見罷了。
- **耐心等待機會**：請對自己有耐心，我們永遠無法預料自己能在何時，或是以何種方式帶給他人價值。

- **友誼需要時間**：敞開心胸、保持開放的心態，讓友誼有機會慢慢累積。不要操之過急。

重點回顧

好感度有助於建立人脈，而它通常也是長遠人脈連結的基礎。我們無法強迫別人喜歡自己，但我們能讓他人知道自己有哪些討喜的特質。

一、**真誠法則**：真實的你無可取代。

二、**自我形象法則**：先對自己產生好感。

三、**印象法則**：人們把感受當事實。

四、**能量法則**：能量具有強大感染力。

五、**好奇心法則**：好奇心能創造人脈。

六、**傾聽法則**：先有傾聽，才有理解。

七、**相似法則**：大家都喜歡跟自己相似的人。

八、**情緒記憶法則**：比起你說過的話，別人更容易記得你帶給他們的感受。

九、**熟悉度法則**：我們會對熟悉的人事物感到特別輕鬆自在。

十、**付出法則**：主動付出；能夠付出，是因為你有能力；付出能創造價值。

十一、**耐心法則**：耐心等待，好事終會降臨。

3
你是哪種等級的人脈王？

「絕對沒有不可能。只要有對的思維、意志和渴望，再花時間加以實踐，任何事都有可能達成。」

——美國傳奇投手羅傑．克萊門斯（Roger Clemens）

我有個理論。回顧我認識的人脈王，就會發現他們都有特定的思維和行為特徵。簡單列出幾項我的觀察：他們通常都很樂於接納、願意信任他人，同時也相當盡責。為了印證（或修正）上述理論，我進行非常廣泛的調查，看看懂得建立人脈的超級連結者，是否具備我預設的人格特質。這項調查檢視自我價值感、盡責性、外向性、情緒智商、信任感、控制信念（locus of control）❶、政治技巧和真誠度等特質，以及和感謝、社群和回應性（responsiveness）相關等行為。

除了調查之外，我也訪問不同類型的人脈王。藉由訪問和調查，我發現自己的假設是對的。人脈王確實具備特定行為、處事方式以及世界觀，這些特質讓他們建立更強健的人際關係。舉例來說，九八％的人脈王在與他人對談時都非常真誠，他們不會自我防衛，也不會為了留下好印象而假裝對他人感興趣。此外，他們的情緒智商也非常高，事實上，人脈王對朋友情緒的感知程度，是非人脈王的五點五倍。

本書會在第二部分分享人脈王的七大思維，讓大家知道如何將這些思維與思考和互動方式結合。

一、人脈王心態開放、樂於接納。
二、人脈王有清楚的目標。
三、人脈王相信富足。
四、人脈王抱持信任。
五、人脈王樂於社交、充滿好奇。

六、人脈王勤勉審慎。

七、人脈王有顆慷慨無私的心。

無論你的先天性格中是否具備上述思維，強大的專家和人脈王在書中分享的知識與意見，絕對能讓你獲益良多。

在我們與他人互動時，或許已經展現某些人脈王思維了。我的調查研究結果顯示，某些人脈王思維之間的差異並不明顯、能互相融會影響，這就表示你只需要稍微調整現有行為，就有可能提升人脈王等級。不過首先，你必須分辨自己目前屬於哪個等級，再決定要成為哪個類型的人脈王。但搞不好你已經在對的方向上了，只需要拉高人脈王的層級，就能讓人脈替你帶來預期效益。

❶【編注】控制信念為心理學名詞，指個人對自己與世事關係的看法，若相信凡事操之於己，屬於內控性格；偏向相信命運與機遇，則為外控性格。

人脈王的定義與關鍵特質

人脈王具有特定思維和行為。由於他們具有一定程度的信譽，也建立了彼此信任的人脈網，因而能以更輕鬆自在的方式達成目標。當他們尋求協助或予以引介時，他人都會慎重以待並給予回應。

葛拉威爾在《引爆趨勢》（*The Tipping Point*）中提到，人脈王最顯著的特點就是他們認識很多人。[1] 他更進一步點出，人脈王的人格特質是他們有與人連結的渴望。[2] 關於這點我有不同看法。我確實同意某些人天生就喜歡與人連結，也樂於與他人建立聯繫，但我相信任何人都能透過互動建立連結。如果你不是天生人脈王，還是能靠後天努力來達成。

我在第一章提到，人脈王是以人與人際關係為導向的個體。但這只是基礎概念，我們必須進一步擴充人脈王的定義。我在調查研究中提出假設，並透過下列人格特質來定義人脈王：

- 認識許多或各式各樣的人。
- 時常與他人往來，但目的並非替自己謀利，而是為他人利益著想。
- 喜歡人群，樂於結交新朋友或認識更多人。
- 藉由記得與他人相關的資訊，以示傾聽與關懷之意。
- 嘗試以各種方式來協助他人。

雖然調查結果顯示，許多特質在人脈王與非人脈王身上並沒有顯著差異，但其中有項思維特別凸顯出人脈王的與眾不同。九七％的人脈王都認同以下說法：「建立人脈或讓他人彼此連結能帶來自我滿足感。」在問卷調查的其他項目中，都沒有出現這麼一面倒的回答。更有趣的是，非人脈王對此說法的認同度低非常多。人脈王從建立人脈中獲得成就感的機率，至少比非人脈王高出六〇％。這項結果顯示人脈連結具有自我實現性質，人脈王純粹就是很享受建立人脈的樂趣。因此，只要能養成「從建立人脈的行為得到滿足，而不是從人脈帶來的成效中尋求樂趣」這個基本心態，任何人都能加強自己與人連結的意願。

人脈王的七大等級

我們可能都被問過：「你認識……嗎？」這個問題你碰過幾次呢？大概多到數不清了吧。初次與某人碰面時，這個問題確實是建立連結的絕妙出發點，只要找出自己和對方的共同友人，就能立刻建立信任、默契和熟悉感。

被問到「你認識……嗎？」的時候，你有多常回覆：「我認識！」現在來真心話大調查：你通常會說「認識」、「不認識」，還是介於兩者之間？我們能從你的答案進行初步判斷，看看在從非人脈王到超級人脈王的漸進光譜上，你落在哪個位置。

人脈王也有程度之分，有些人天生熱愛經營人脈，但並不是所有人脈王都個性外向、善於社交。如我所說，幾乎所有人都具備部分人脈王特質。無論我們是否生來就具備所有人脈王的特質，或多或少應該都擁有其中幾項。你具備的人脈王特質的多寡，會時時影響著你的人脈王等級。

我們能根據以下兩道光譜來判斷一個人的人脈王等級：

一、人脈連結的深度與廣度。
二、主動展開互動或回應他人的意願。

人脈王等級並非無法改動的定數。當然，「成為超級人脈王」也未必是每個人的目標。參考上述光譜，看看你目前所在的位置，思考你想成為哪種等級的人脈王。

超級人脈王與全球超級人脈王

超級人脈王是人脈王的最高等級，但並不是每個人都需要或想要成為**超級人脈王**。超級人脈王的人脈網絡涵蓋不同地理區域，包含各種人口族群，跨越個人興趣的分野，更突破產業和職稱的界線。除了廣度之外，他們的人脈網絡也頗具深度，橫跨各個社會階層。超級人脈王不僅認識各專業領域的人才，更與具備不同資歷和位階的人建立連結。**全球超級人脈王**則能跨出國界，在世界各地建立又深又廣的人脈網絡。

如果你已經屬於這個等級，就代表你在不同領域都有熟識的朋友，而這些友人具有程度不一的影響力。你全然接納人際關係的價值和人脈王思維，每天都積極主動建立連結。

大家對超級人脈王通常都懷抱一大誤解，就是以為他們已在所屬領域耕耘多年，或是已經達到事業的巔峰。這個想法並不正確，也絕非成為人脈王的必要條件。賈德．克雷恩爾（Jared Kleinert）就是最佳例證。他在十五歲時成立教育科技公司，他說：「我不希望陷入常態的循環之中。」因此他向創辦 15Five 這間績效管理軟體公司的大衛．哈塞爾（David Hassell）聯絡，哈塞爾不僅成了他的導師，最後還延攬他到公司來上班。這一切之所以會發生，全是因為賈德寄了一封電郵給大衛詢問他的意願。賈德更主動跟數百位成就非凡的創業家聯繫，表示願意協助他們推動現有計畫，因而跟他們結為好友。《今日美國》（*USA Today*）將他譽為「千禧世代的最強人脈王」（Most Connected Millennial）。賈德與其他作家共同編寫《我的世界，自己定義！》（*2 Billion Under 20*）、《而立之年，放眼三十億！》（*3 Billion Under 30*）等著作，並在書中介紹來自世界各地的千禧青年。這群青年與友人共同創辦的公司，都具有數十億美元的市值。他們更透過各項計畫、平台和理念主張，替數百萬人帶來正面影響。在我認識賈德並得知這些背景資訊時，他竟然才二十二歲。賈德會在本書的第十二章，分享他從這些千禧人才身上學到的事。從某個角度來看，賈德之所以能輕鬆與他人連結，是因為他並未肩負家庭重擔，也沒有繳交房租的壓力。所以他能提供不求回報的協助，許多人也接受他的扶持。無論你是青少年、畢業生還是已經邁入中年，建立人脈的方式無窮無盡，請不要停下腳步！別讓年齡或環境成為阻礙你前進的因素。

利基人脈王

利基人脈王會鎖定特定領域的人脈，這裡所指的領域可以是特定地區、產業或是工作職能。他們的人脈網絡同樣具有深度與廣度，不過範圍僅限於他們的利基領域。

我姊艾普利・梅爾斯（April Meyers）就是利基人脈王的最佳典範。身為創業家的她，二十五年多前就擁有自己的事業。艾普利認識所有紐澤西房地產法拍市場的從業人員，大家也都知道她這號人物。無論是投資人、律師、銀行家還是仲介，大家一有問題都會來找艾普利。她不僅是所屬產業的利基人脈王，更是社群中的人脈王。她生了四個小孩，年紀最大跟最小的相差十二歲。每個孩子從事的運動都不同，也都加入各式各樣的俱樂部。鎮上不認識她或沒聽過艾普利這個名字的人可說是少之又少。

艾普利之所以是位優秀的人脈王，是因為她能讓事情順利發生。我姊有天巧遇一位小學同學，那位同學是國家廣播公司（NBC）數位發行部門的總監。在那場偶遇之後，我就與國家廣播公司合出了一本書。我姊不僅跟那位同學閒談，更採取後續追蹤行動。她替我跟那位同學牽線，更解釋為什麼要介紹我們認識。在十四個月內，我們就找到贊助單位、出書，並建立一套資源讓退伍軍人免費取用。表面看來我單純是運氣好，但我並不這麼認為，相反地，我是人脈連結的受益者。

跟我住在同一個社區的吉安娜也是利基人脈王的最佳典範。她是我見過最勤奮的志工，而且跟所在社群有相當緊密的連結。她不僅是數個地方委員會的成員，也幾乎每年都會擔任班級家長代表，更是兩所學校的家長教師會主席！身兼多個義工職位的她，最近因為得趕緊完成一項任務，不得不取消跟我共進午餐的計畫。吉安娜對社區大小事瞭若指掌，知道發生了什麼事、發生的原因，也能針對問題原因提出解決方針。她是強大的消息來源，大家更常戲稱她為「鎮長」。她的人脈網絡就是整座社區。雖然吉安娜的人脈網絡並未橫跨各大產業或地區，但在鎮上她就是人脈王。

新興人脈王、反應式人脈王與積極人脈王

多數人應該都屬於這個分類。如果你是**新興人脈王**，那麼你正走在拓展人脈的道路上。你或許具有人脈王的部分特質，但尚未駕馭所有要素或思維。又或者，你已經具備所有重要思維，但並未持續實踐。而**反應式人脈王**指的是剛開始實踐各項人脈王行為，但仍傾向被動回應他人請求，而非主動創造價值機會的人。相較之下，**積極人脈王**會持續採取行動，更常主動建立連結，但仍需要繼續深化及擴展人

脈網絡。身為積極人脈王對你來說或許就已足夠，無須進一步晉升為利基人脈王或超級人脈王。

反應式、新興與積極人脈王了解人脈連結的價值，深知人脈連結不一定會自然而然出現。如果你落在這個分類就太棒了！你已經開始實踐人脈王思維和部分人脈王行為。別忘了，這是規模最大的人脈王類別，而且彼此之間具有級別差異。想知道如何從這個類別晉升到更高層級嗎？參考我老公麥可的經驗準沒錯！

麥可天生內向，我剛認識他的時候，應該會將他歸類為最低階的新興人脈王。記得他剛入商學院的時候，還需要靠外向活潑的我來幫忙引導對話。我早他幾年從同一所商學院畢業，但在各種場合我總是退居後位，將主導的角色讓給他。在體認到人際關係的價值後，他開始能主動建立人脈連結，並懂得排定人際關係的先後次序。

從商學院畢業後，麥可在同一份工作崗位待了七年（麥可從我的商學院同學那裡得知該份職缺，這位同學也將麥可推薦給公司）。後來麥可準備好要往前邁進，他才發現需要擴展人脈網絡。他的交友圈規模不大，但相當穩固。麥可積極與他人互動，群眾也將他介紹給朋友認識，一切都進展順利。某次我鼓勵地問：「你有主動為人脈網絡做些什麼嗎？」他回道：「還沒，但只要有人請我幫忙，我都會竭盡全力協助。」這就是反應式人脈王的標準思維。他們心態開放、樂於付出，但有時仍無法看出替人脈增加價值的好時機或方式，因此不會主動採取行動。

在該階段以及下一份工作的任職期間，麥可加入科技業高階主管組織，後來他更接任該組織的董事會職位。他逐漸成為同儕間眾所皆知的人物，也更常主動跟轉職團體的成員分享自己聽來的徵才資訊。他開始積極思考如何透過引介與資訊分享，來協助人脈網絡中的成員。這個時候，他已經進化成積極人脈王了。就在他準備找新工作的時候，身旁有許多人搶著給建議、提供點子。他才剛開始找工作，就立刻被延攬並接下目前的職位。當他開始建立連結、協助他人之後，世界就與以往截然不同。

非人脈王

人脈王的最後一種類別為**非人脈王**，他們還沒看出人脈連結的價值，或是覺得建立人脈令他們渾身不自在。然而，非人脈王同樣也能從人脈王思維與行動中受益。畢竟，人脈連結重質不重量，更不是什麼貪婪醜陋、令人提心吊膽的舉動。雖然我在前段已經提過，但還是得再次強調：**任何人都能成為人脈王**。

如果你認為自己屬於非人脈王，那我有幾個問題想問你。

一、**你是否對自己太過苛刻？**通常我們都不會認可或讚美自己的特定舉動。別人也會將你歸類為非人脈王嗎？雖然我們不會把人際關係視為「與人連結」，但每個人其實都在與他人進行連結。

二、**你是否看出人脈連結的價值？**你之所以屬於非人脈王，或許是因為你還沒從不同角度挖掘人脈的價值。過去的某段人際關係宣告失敗，或是對方的回應不如預期，因此在你心中留下陰影了嗎？或許換個角度，建立新的人脈連結，就有可能獲得截然不同的回應。

三、**在哪些場合（或跟哪些人）建立連結能讓你感到輕鬆自在？**或許你已經開始建立人脈，只不過這些行動太稀鬆平常，所以你尚未覺察罷了。無論是建立社交人脈還是建立專業人脈，從你目前的立足點出發吧。找出適合自己的方式、情境與群眾，從對的地方下手、建立人脈。

掌握個人定位，提升人脈王等級

你是哪個等級的人脈王？想晉升到哪個層級？又該如何往上爬呢？人脈王可能來自不同年齡層、地區，且具有各式各樣的背景以及性格。有些人的工作經歷豐富，或是隸屬於數個社群，因此能不斷擴展自己觸及的群眾。另一方面，宗教組織、志工團體、營隊、學校或是興趣嗜好，這些都是能自然形成並發展人脈的領域。

你也能成為人脈王。相信自己，抱持信心，這樣就能強化建立人脈的能力與意願。雖然有點老調重彈，但我還是想再次強調：你必須坦然開放地面對各式各樣的經驗，並持續擴展人脈網絡。記住：努力的方向依據**你**想成為的人脈王等級而定，並不是大家都得變成超級人脈王。從我姊的例子來看，身為利基人脈王正好符合她的需求。如果你是非人脈王，不妨以新興人脈王為目標。如果你屬於反應式人脈王，那就努力往積極人脈王前進。如果你想進軍國際，成為超級人脈王，那就以此為目標吧！坦白說，假如這本書能協助你提升人脈王的等級，那就是莫大的成就了。

最後我想說，身為人脈王是一種思維。身為人脈王並不是要你去做某些事，而是**成為**某種人。我會在下一章中詳細探討人脈王的七大思維，並解釋如何將這些思考與行動模式，運用在你與他人互動，以及看待人際關係的方式中。

重點回顧

全球超級人脈王：全球超級人脈王能跨越國界限制，在各地建立深厚的人脈網絡。但並不是每個人都得力求成為這種最高等級的人脈王。

超級人脈王：超級人脈王的人脈網絡不僅橫跨各地區，更涵蓋不同的族群、個人興趣、專業產業、工作職能、頭銜以及位階。

利基人脈王：利基人脈王的人脈集中在特定領域，而所謂的領域可能指地理範圍、產業或是工作職能。他們的人脈網絡同樣又深又廣，只不過範圍僅限於他們所屬的領域。

積極人脈王：人脈連結已經成為你的既有思維了。你會思考如何透過引介與分享資訊，來協助人脈網絡中的成員。而你的人脈網絡也會持續加深加廣。

反應式人脈王：這個等級的人脈王心態開放、樂意付出，但有時無法看出替人際關係增加價值的機會或方式，因此鮮少主動建立連結或提供協助。

新興人脈王：這就是建立人脈的起點。新興人脈王具有人脈王的部分特質，但尚未掌握所有思維與要素，或是並未持續實踐這些思維與元素。

非人脈王：非人脈王尚未看出人脈的價值，或是對建立人脈感到不自在。

PART

II

人脈王的思維與行動
——人脈王的七大心態

人脈王對於建立人脈非常有一套。他們的思維與行動方式，都能讓他們持續建立連結，強化現有人際關係。我在研究中找出人脈王具備的七大心態。在第二部分，我不僅會介紹人脈王的思維模式，更會讓所有讀者知道如何學習這些心態，以及如何展現相應的人格特質與行為，讓人脈連結更加強健。

4
心態一：心胸開闊、樂於接納

「自愛跟你對外在自我的感受無關。自愛指的是全然接納自我。」

——美國超模教母泰拉·班克斯（Tyra Banks）

建立人脈的首要特質

人脈王之所以幹練光鮮、卓有成效，原因不計其數。但在我專注撰寫這本書的過程中，我發現心胸開放與樂於接納是他們的首要特質。簡單來說，人脈王的性格相當真誠。建立人脈連結時，人脈王不會一心想著該如何利用這段人際關係，或是能從中獲取多少利益。對人脈王來說，**真誠是好感度的關鍵，保持開放則是建立人脈的基石。**

對我來說，保持開放的對立面則是時時刻刻保持戒備。然而，人脈王態度真誠，甚至也會顯露內心脆弱的一面，而不是在他人面前演戲或是在心中築起高牆。你們絕對知道我在說什麼。有些人總是在人前演戲。儘管跟他們相處或許很愉快，但你真的了解他們、知道他們是誰嗎？又或者，職場上有些同事防備心極強，絕不透露自己的資訊。除了工作上的往來之外，你對他們一無所知。在這種情況下，你有可能更進一步認識他們嗎？甚至你還會想認識他們嗎？

這個道理在商場上同樣成立。我常建議大家在建立人脈時不要懷抱目的與企圖。你之所以建立人脈，是因為你享受人際互動，也了解人際關係能帶來一些收穫。全世界的小孩都聽過一句格言：「做自己吧，其他角色已經有人演了。」人脈王總是樂於做自己，絕不會戴上虛偽的面具。然而，保持開放與接納的心態，代表你必須看清並接受自己的好與「壞」，更重要的是，你也要擁抱他人的優點與「缺陷」。

培養接納思維的三大要素

事實上，接納別人比接納自己還容易。當你對別人太過苛刻時你會有所覺察，但是你卻允許自我批判，有時更接受外在聲音的貶低。如果想要轉換成人脈王思維，你必須覺察自己的優勢、缺陷以及我所謂的「獨特魅力」。以我為例，我並不是特別喜歡自己的某些人格特質，有時這些特質更會陷我於不利，但我仍然不想改變這些性格，這就是我所謂的**獨特魅力**。如果能察覺自己的獨特魅力，就能針對這些特質加以收放。**收放指的是暫時或短暫地調整個人行為，藉此提升互動中的人際效用**。與其將某項特質當成缺點或短處，我反而視其為獨一無二的魅力。這麼一來，這項特質就更容易被接納，我也會更願意接受自我。

舉例來說，我的其中一項獨特魅力是超級健談的性格。說我樂於社交還稍嫌輕描淡寫，尤其在緊張時我更是特別多話。以前我非常害怕沉默，這種令人不自在的氛圍會讓我想趕快說點話填補空白。有好長一段時間，說話是我努力建立人脈的方式。有時別人會說我講太多，這個特質也很有可能損及我建立人脈的成效。然而，在發現自己永遠不可能變成文靜的女孩後，我就放棄嘗試。我接受這項天性。話雖如此，我開始對這項特質有所覺察，所以在多話的性格出來攪局時，我能有所調整。我學到其實沉默沒什麼大不了的，而且讓對話持續進行也不是我一個人的責任。我努力培養等別人先開口才說話的習慣，練習在對話中傾聽對方。我知道自己肯定有發聲的機會，我能夠等待這個時機的到來。在理解、接納並收放自己的人格特質之後，我就能建立更美好的人脈連結。

這一切都從自我覺察開始，自我覺察也是情緒智商的基礎。**情緒智商的定義是，辨識、表達並積極管理自我、他人以及團體情緒的能力**。調查顯示在人脈王的開放與接納思維中，情緒智商、真誠以及自我價值感是關鍵要素。人脈王擁有高情緒智商的機率，是非人脈王的二點六倍，而從友人的行為來判讀對方情緒的能力也高出五點五倍。

如果想培養情緒智商，就必須從自我駕馭和社會駕馭兩方面雙管齊下。從自我覺察進步到自我調節與自我激勵，這就是所謂的**自我駕馭**（self-mastery）。透過自我駕馭，你能在情緒被激起時適切回應、做出妥善的抉擇並克服挑戰。**社會駕馭**（social mastery）則包含同理心與社交技巧。詳細說明請見96頁的表4.1。

在調查中，自認是人脈王的受訪者都具有明顯較高的自我價值感，而他們的真誠度也偏高。人脈王擁有正向自我價值感的可能性，是非人脈王的二點三倍，而尊重自己的程度則是非人脈王的四倍。根據他們的評估，他們的真誠度大約是非人脈王的一點五倍。想當然耳，真誠的程度會根據人脈王等級而有所差異。八〇%的利基人脈王態度真誠，超級人脈王的真誠比例則有八五%，這段差異雖然不大，但仍算是顯著。最後，低於七%的人脈王覺得自己與他人疏離。

不用擔心，這些都不是先天特質，而是靠後天培養學習而來。美國通運（American Express）指出，跟未受過訓練的員工相比，曾受情緒智商訓練的員工能將業績提升二〇%。[1]只要請他人給予回饋（心胸開放，請所有人給予建議）、對觸發情緒的事物有所覺察、辨別自己的壓力程度，最後花時間來反思，就能提升自我覺察的能力。如果想改善社會駕馭能力，可多留意他人的非語言表達，並強化傾聽技巧。真誠與高自我價值感這兩項特質都是能靠後天訓練來培養，即便本來就

【表4.1】情緒智商的五大等級

自我駕馭	自我覺察	你能清楚察覺並理解自己的情緒、動機、觸發情緒的開關以及對他人的影響。 **指標**：自信、能夠自嘲、能意識到自身缺陷以及他人對自己的看法。
	自我調節	能夠控制自己的反應，並先思考而後開口或行動。 **指標**：認真盡責、適應力強、反應敏銳（積極回應）、情緒成熟。
	自我激勵	你性格堅韌，具有鍥而不捨的特質及內在驅動力。 **指標**：積極主動、投入奉獻、鍥而不捨、樂觀、動力十足。
社會駕馭	同理心	你能適切體認他人的情緒。你了解他人的行為反應並能判讀他們的非語言表達。 **指標**：反應靈敏、敏感、直覺與觀察力強、關注他人的需求。
	社交技巧	你能建立融洽的關係，找出自己與他人的共通點。你會建立人際關係以及人脈網絡。在團隊做決策時，你具有影響力。 **指標**：強大的溝通與傾聽技巧、具說服力、能夠調解衝突並化解緊繃的氣氛、鼓舞人心。

具備這兩項特質，多花點心思加強也是有益無害。

開放心態促進互動效率：周哈裡窗模型

每個人都有自己的盲點。就算我們的判斷力很敏銳，但在評斷特定議題或人物的時候還是會拿不定主意。雖然找出自己對他人的盲點不容易，但看出自己對自己的盲點更難。因此，保持心態開放的一大關鍵，就是能覺察自身的盲點，並積極消除這些盲點。心理學家喬瑟夫・魯夫特（Joseph Luft）和哈里頓・英格漢（Harrington Ingham），在一九五五年開發的周哈裡窗（Johari Window）最能體現這個概念。這個心理模型的目的，是助人進一步了解自己與自己、他人的關係。這扇「窗」分為四大象限，如98頁的表4.2所示。[2]這四大象限是以自己與他人所知的資訊來區隔。

【表4.2】周哈裡窗

	我所知	我所不知
他人所知	I：開放	II：盲目
他人所不知	III：隱藏	IV：未知

我們的目標是盡可能擴大開放象限（第一象限），增加你與對方都知道的資訊。為了提升你的開放程度，你必須自我揭露、與對方共同探索並展現內心脆弱的一面。

第二象限代表你的盲點，也就是他人一目了然，但你卻渾然未覺的資訊。如果想消滅個人盲點，可以請他人給予回饋。尋求回饋跟接受訊息是兩碼子事。對我來說回饋只是資訊罷了，並不是所有資訊都值得採納。你還必須評估消息來源是否可靠，以及回饋的內容是否一致。不過，請將回饋當作贈禮。雖然傾聽他人的看法並不容易，但這些資訊通常都無比珍貴。以下是幾項接收回饋的訣竅：

- **接受你聽到的資訊**：接受並傾聽，不要解釋或自我辯護，留意你的肢體語言。
- **拋出問題**：針對回饋進一步提問，請對方舉例，讓你真正理解對方的意思。

- **承認與同意**：摘要整理你接收到的資訊，並承認其中某些說法正確無誤。通常你都能找到可以認同的資訊。
- **感謝與邀請**：向對方道謝，因為提供這些資訊得背負一些風險。感謝他們願意坦率以告，並邀請他們持續提供回饋。
- **應用**：實際運用這些回饋，如果不會造成對方的困擾，還可以讓他們知道你如何實際採納他們的回饋。

第三象限指的是你自己很清楚，但他人卻不知道的資訊。這些是被你藏起來的訊息。或許這代表這些資訊讓你很沒安全感，但也有可能是因為你還沒完全信任對方，因此態度謹慎小心。這些是你尚未公開，或是連你自己也還沒完全接納的個人資訊，所以你很有可能會戴起偽裝的面具，或是未以真誠的面貌示人。而自我揭露跟建立信任感有助於縮小這個象限。

最後一個象限指的是你自己跟他人都不曉得的事情，這個象限中的資訊無人知曉。我將這個象限稱為「不知道自己不知道」象限。大家務必記得，不管我們知道多少，永遠還是有需要學習與分享的新知。這個象限雖然令人感到渺小，但也鼓勵我們自我省思。藉由反思、自我發現以及共同探索，就能縮小這個全然未知的範疇。

周哈裡窗的概念乍聽之下也許令人冒冷汗。我以前都以為封閉訊息就能占有優勢，而擁有他人不知的資訊，也讓我感到安逸自在。我真心以為這是個好策略，但有一天，某位我非常尊敬的人告訴我這樣是行不通的。我聽了他忠告，但還是花了一點時間才完全消化。至於是否敞開心胸，對他人抱持開放的態度，擁抱無窮機會，由你作主。

接納自我

接納自我？當我丟出這個概念時，我希望你的反應是：「我已經做到了！」很好，這就是我們的目標。不過你或許曾經自我懷疑，偶爾還會反問自己：「怎麼可能辨得到？」或甚至質疑「這到底是什麼意思？」坦白說，這些疑問都曾竄入我的腦中。我的童年傷痕累累，充滿自我懷疑、貶低以及自我批判，我也是不斷學習與調整才一路走到今天。現在我已經全然接受自己的獨特魅力，知道今天的我就是由這些特質所構成。話雖如此，我有時還是會苛責自己，內心的批判聲音也並未完全消失。

某種程度來說，接納自我就是原諒自我。我們是人類，人都會犯錯。如果覺得今天事事不如你意或壓力爆表，獨處或許是個不錯的點子。倘若有充分的原因，避免與他人往來或交談未必是壞事，讓自己休息一下也無妨。再者，你也可以從自己身處的情況中找出幽默的特點。以開玩笑、自嘲的方式來看待自己所處的狀態，有助於你覺察他人的感受並讓自己更容易釋懷。

這個方法不僅能替個人生活帶來極大助益，在職場上也很管用。大家有時難免情緒暴躁。如果我睡不好，心情也會跟著很差，我老公則是吃不飽會發脾氣，他應該把中間名改成「餓怒」才對。然而，只要「說出」情緒，就能在發洩情緒的同時不讓對方憤怒。像是某週末，我對老公說：「看到你就氣，但我根本沒什麼理由對你不爽。」說完我就笑了，他也大笑回應，因為他知道我的情緒並非針對他個人。這正是自我覺察的一環，也就是在狀況不好時能有所**自覺**。另一方面，向身邊的人坦承現狀也很有幫助。讓他們知道你意識到了自己的情緒，他們就會更願意接受你的情緒，知道你不是在針對他們。**共有的覺察能提升彼此的接納度**。如果你願意敞開心胸，就更容易接納他人，也更容易被他人接納。

假如你做了某件感到後悔的事，不必焦急苦惱，道歉就好了。每個人都有犯錯的時候，舉個例子，我們家養的狗把塑料泡棉球撕咬成碎片，我拜託十歲大的兒子幫忙用吸塵器清理一下。他很好奇，想知道吸塵器是怎麼運作的，就把吸塵器打開來，結果灰塵全散落在家中奶油白色的地毯上。我當下既惱怒又挫折。我盡量不要提高我的說話音量（或者說我試著不要破口大罵），兒子也很不悅。我把吸塵器裝回去，他也把地板清掃乾淨，後來我向他道歉，表示自己不該大驚小怪。我對自己也對他說：「這不過是灰塵罷了！」他說他剛才也有些激動，但現在沒事了。大家一定要記得，就算我們一時失去自制讓情緒宣洩而出，事後還是有辦法修復彼此的關係。

坦承、擔責、歸屬以及修復，這些都是接納的要素。你可以承認剛才的言論或行為有點超過。雖然這麼說並不會抹去你先前的言行舉止，但你能坦承自己犯了錯，下次會努力改進。如果發現自己常陷入這種循環，最好能制定計畫來改變你的行為，承諾才不會成為空頭支票。舉例來說，如果我毫無來由地對某件事發脾氣，我會試著轉移情緒，從眼前的情況中挑出一些好事或優點。你也可以試著在腦中回想令人愉快或感到平靜的事情，讓情緒慢慢平穩下來。有時寫下思緒也有助於釋放怒氣或沮喪的心情。另一種方法雖然有些老派，卻非常管用，那就是在家中或車內等沒人聽得見你的地方放聲大喊。在獨處時釋放感受和情緒，是件非常美妙而且健康的事！

上面舉出的方法，並不是在所有情況下對所有人都適用。你必須針對所處的情況選擇最有效的方法，並真心誠意地努力嘗試。儘管嘗試去做某件事的前三次總是令人不自在，甚至會讓人萌生放棄的念頭。但你必須試個五到六次才有辦法判斷這個方法是否對你管用。

思維任務

三步驟提升覺察力，真正接納自我

身為瘋狂人脈王的琳賽．強生（Lindsay Johnson）表示：「自我接納不代表隱藏某部分的自我。自我接納指的是了解自己，與真實的自己和平共處。」我非常喜歡她提出的概念：「人生中最重要的人脈，就是你與自己的關係。」這也是為什麼我主動跟她聯絡，希望她能以自我接納專家的身分來跟我們聊一聊。琳賽同意我們無法改變自己，但她也覺得沒有必要刻意改變自己。不過我們確實需要了解自己、跟自己通力合作，有時候還要學著適應自己真正的性格，才有辦法成長。

琳賽提出她存在的目的就是，「讓群眾擺脫相互比較、競爭與自我批判的環境，轉而充分了解自己、愛自己。」她的人身經歷與觀點，正是「包容開放」此概念的最佳演繹。雖然「包容開放」是她的人生哲學，但她並非一路走來都如此豁達。

「小時候在家，大人會阻止我做自己，我甚至會因為做自己而受罰。只要我做自己，就常被暴力相向，下場很慘。」她表示：「我從小就發現做自己是件危險的事。」

琳賽點出我們現處的世界讓人無法真正接納自我。媒體、廣告甚至連童話故事，都不斷散播令人感到羞恥、排擠和訕笑的訊息。這個世界似乎想告訴大眾我們真實的樣貌並不完美，所以「買這個產品吧！」或「試試這個解決辦法！」

琳賽認為正因如此，許多人才對真正的自我感到不安。當缺乏安全感的時候，我們會自我設限、慢慢變成隱形人，甚至為了合群而隱藏真實的自我。她說自我接納並非一蹴可幾，這是一段揭露自我，將長年配戴的面具層層揭下的漫長旅程。

自我接納得花時間練習。因此請對自己溫柔、有耐心一些，允許自己以不同且更有創意的方式來看待自己，並照著琳賽的建議「瘋狂地自我接納」。一開始試著自我接納時，我運用琳賽分享的練習。她會用這套練習來讓客戶「慢慢卸下面具，放下想像中的模樣，開始與真正的自己連結。」這套練習的目的是提升覺察力，賦予我們採取行動的能力。

第一步：停止道歉和自我批判。這個步驟說易行難。接下來一週內，請在你沒犯錯卻道歉時做紀錄。這種時候，你正為了自己所做，或沒做、沒說的某件事在心中懲罰自己。另外，如果你沒有表達出心中的渴望或需求，也請把它紀錄下來。這樣你才會對類似情況有所覺察，並意識到這種現象出現的頻率有多高。想要有所改變，覺察就是第一步。

第二步：回想自信時刻。為了改變思維，請動筆記下感到自信或自豪的時刻。譬如：你做了什麼事？他人對你有何反應？在哪種環境下跟什麼樣的人相處，能讓你對自己充滿自信？記下這些能帶來正面效應的環境或群眾因素，藉此建構正向心理圖像，讓你在萎靡不振時能提醒自己。

第三步：採取行動。知道自己在哪種情境下感到最自在後，就能思考如何創造機會來累積自信。比方說，負責哪些工作、跟哪些人互動，或是獲得哪些機會時你最如魚得水？接著，你得跨出舒適圈，持續擴展及累積自信，才能達到自我接納的境界。讓自己去挑戰或爭取心中渴望已久的事物。不要說服自己放棄，而要鼓勵自己全力以赴。將實踐的過程與理想的成果形象化，然後就可以採取行動囉！

四大問題，養成開放心態精準判斷

更接納自己之後，也會更容易接納他人。願意承認自己的不完美，就更能夠好好面對他人的缺點。話雖如此，實際操作起來卻不容易。我們通常會太快下結論或批判。不過，這種習慣並沒那麼糟糕，它其實是我們的本能，沒什麼大不了的。畢竟，砲火猛烈、批判力十足並非我們的初衷，我們通常只是希望凡事能更有效率。但如果想要全然開放與接納，我們必須知道自己有可能是錯的。

我鼓勵大家抱持好奇心，不要驟下定論。然而，要放慢高速運轉的大腦、對各項事物保持好奇，這實在不易執行。因此，我會利用四大問題來讓自己保持心胸開放。你不必每次都問自己這四大問題，其中的任一問題都能讓你對事物更好奇，同時以開放的心態來形成看法或見解。

某種程度來說，放慢思考是為了讓大腦有餘裕，以更有憑有據的方式判斷現況，而非迅速做出或許偏頗的評價。如果你對事件或行為的解讀會影響人際關係、合作計畫或各種結果，請利用以下四大問題來協助自己做判斷：

一、有什麼是我不知道的？
二、針對現況，還有哪些解讀的可能？
三、萬一我錯了該怎麼辦？
四、我想做出正確的判斷嗎？

知道自己並非全知

問題一：有什麼是我不知道的？

關於這個情況、這個人，我了解多少？他們做了什麼？他們為什麼這麼做？你其實不知道自己還有不曉得的事情，因此有時必須提醒自己，其實自己並未掌握全盤資訊。我在《哈佛商業評論》上讀到一篇很精彩的文章，內容是關於人的知識漏洞。比方說，我們都以為自己很熟悉日常事物的運作方式，但被要求加以解釋時，多數人都辦不到。[3]我就做了這個測驗，你們也可以試試。可以找個日常使用的物品，例如釘書機、手機或拉鍊，然後試著描述這項物品的具體運作方式。你很有可能會發現，其實自己在知識上還有意想不到的漏洞。有時大家都認為自己對某件事有非常精確、連貫與深刻的了解，事實上並不然，耶魯大學研究人員將這種現象稱為「解釋深度的錯覺」（illusion of explanatory depth）。[4]

我之所以分享這個概念，是為了提醒大家（跟我自己）我們並不是全知的。只要問一問：「我還不清楚哪些事？」就能在做出最終判斷之前，以開放的心態來接收額外資訊。

放下心中的假設

問題二：針對現況，還有哪些解讀的可能？

這個問題的另一個問法是：「他之所以這麼做，是不是有其他原因？」舉例來說，如果員工或同事遲到了，與其立刻想說「懶人！不負責任！沒規矩！」你可以替他們的遲到找出其他理由。譬如：搞不好日托中心沒有準時開門；也許他們的車子壞了；他們剛好不是晨型人，但可以工作到超晚；或是有外星人從外太空而來，把他們載去兜風了。

提出這些問題的目的，並不是要說服自己其他選項才是事實，只是要放慢思緒，認清眼前的狀況其實還有其他詮釋空間。你甚至不用想出其他實際的替代理由，有時候只需要想想還有哪些可能，就能夠放慢思緒，而這才是我們要的。

接受犯錯的可能

問題三：萬一我錯了該怎麼辦？

大腦迅速歸納出結論時，這個問題可是個強而有力的工具。假設今天有人撞到你之後繼續往前走，這件事就成為經驗留在你腦中，接著你就在沒有額外資訊的情況下評估那個人的動機或意圖。下一步，你會根據過往經驗、假設與信念來賦予這個事件意義。下次碰到那個人的時候，你可能會冷落或疏遠對方。從你的行為來看，彷彿你對他們所下的結論就是事實。

心理學家克里斯・阿吉利斯（Chris Argyris）提出的**推論階梯**（Ladder of Inference），指的是人由事實或經驗到決定或行動的思考過程，但人往往沒有意識到此思考過程。[5] 因此，當人能清楚辨識出推論階梯中的每一層，就能往後退回最底層，在衝到頂點之前接受自己有可能推論錯誤的事實。而推論思考的每個環節請見圖4.3。

在觀察現實事件時，我們會從階梯底層往上爬，並經過以下流程：

- 根據個人信念或過往經驗來選定事實；
- 詮釋事件並賦

【圖4.3】推論階梯

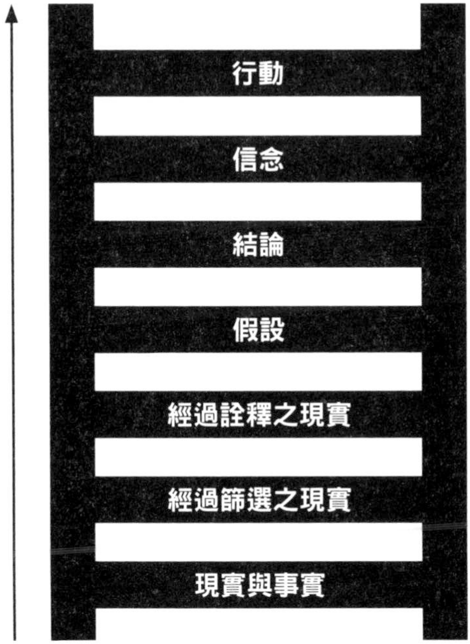

予個人意義；

- 套用你的現有假設（有時甚至未經思索）；
- 根據你詮釋的事實與假設來推導出結論；
- 根據這些結論來建立信念；
- 採取貌似正確的行動，因為這些行動是根據你的信念所衍生。

因此，你可以問自己：「這是『正確的』結論嗎？」或「我真的有根據所有事實來判斷現況嗎？我判斷的依據全都是事實嗎？」這樣就能持續保持開放的心態。話說回來，你可以試想，如果判斷錯誤，人際關係會受到哪些衝擊？會帶來哪些後果？你對某事件的詮釋，能替你帶來任何益處嗎？

不要試著做出正確判斷

問題四：我想做出正確的判斷嗎？

雖然有點難啟齒，但我們對每件事的看法並不是全然正確的。大家都是如此，別擔心。我們都希望自己是對的，所以會尋找數據來佐證預料中的定論。我們會篩選資訊並自行詮釋，來證明自己是正確的。有時候我們希望自己是對的，因為「他們」必須是錯的。要我們客觀地將認知中什麼事都做不好的人，跟眼前的問題或狀況截然劃分，實在是很不容易。

在推論分析時，請留意你特別容易跳過推論階梯中的哪一層。比方說，你會不會太快預設立場？是否只選擇某部分數據？留意自己的推論傾向，學習在未來進行推論時，更謹慎小心地處理這個階段。利用推論階梯，就能學會以事實為出發點，運用信念和經驗來發揮正向效應，不讓判斷能力受限。

促進交流的思維工具

學習「放慢思考」以及「意識到自己正在攀爬推論階梯」的重點在於，讓你預設正向意圖。這個技能相當不容易，我們不妨將這個思維視為能促進有效交流的工具。預設正向意圖是保持開放與接納的關鍵。這不只是要我們對這個思維敞開心胸，更是讓我們相信他人的言談與行為背後都有正向意圖。

每個人都會經歷低潮。在心情低落到不行的時候，我們會用最負面的觀點來看待一切。我完全可以理解。不過仔細想想，假如思緒越來越負面，情緒越來越低潮怎麼辦？或許這種「一切都糟到不行」的負面能量與後果，是來自你看待他人與日常的方式。

我絕對不是無敵正向的波麗安娜❶，也不是永遠都樂觀看待這個世界。我當然知道世界上有些人不懷好意，我絕不是要大家當個天真無知的人。我的意思並不是建議你們以傻蛋的姿態活在這個世上。你不必以無比光明正向的角度來看待萬物。我只是希望大家反思，其實我們目前所處的狀況，**有可能**不像我們詮釋的那麼黑暗或負面。我想倡導的概念是，在多數情況下大家都不是壞人，他人都懷抱好意。

現在你或許會想：「如果有個同事的行徑顯然就是不懷好意，那該怎麼辦？」舉個例子，如果同事搶走**你**提出的新點子，試圖向上司邀功怎麼辦？直接與他們對質只會顯得你心胸狹窄。或許你可以在言語上以正向的方式婉轉表達。你可以說：「謝謝你這麼挺我的點子，我們如此有志一同實在令人開心。」而不是說：「喂，你搶了我的點子！」以這種角度來看，你就能用「他們是在擁護你」這種正向的觀點來看待這件事。如果能在言談中表達他們彷彿真的懷抱正向意圖，對方就會依照你對事件的詮釋方法來行事。

如同我在《人脈，從建立好感開始》的第四章中所說，能量具有感染力，正向力量也是如此。與他人互動時若能保持開放，懷抱正向思考，就能在他們心中留下正向情緒記憶。我們很清楚不是每個人都帶有正向意圖，但相信我，凡事都往好處想絕對有益無害。這種思維能改變你的互動模式，你會更親切、更理解他人，而且更願意傾聽，也不會將他人逼進難受的守備狀態。他人的表現有可能超乎或低於你的預期，不過只要凡事都以正面的角度來看待，你就是在邀請對方拿出合乎你期望的表現。這麼一來，你會發現自己更能夠與他人連結。一旦你能更接納自己與他人，就有可能締結更深厚的人際關係。

❶【編注】波麗安娜，出自美國作家愛蓮娜・霍奇曼・波特（Eleanor Hodgman Porter）的小說《小安娜》。小說主角波麗安娜個性正向樂觀，並以此鼓舞著身邊的人。

重點回顧

真誠是好感的關鍵；**開放**則是連結的基礎。

覺察是自我接納的關鍵。若能覺察自己的優勢、弱點與獨特魅力，便能養成人脈王思維。

獨特魅力指的是有時令你反感，甚至會幫倒忙的人格特質，但你不必改變這些魅力。

收放指的是暫時或短暫地調整行為，以提升互動中的人際效用。

周哈裡窗模型有助於了解我們與自己以及與他人的關係，並點出其中的盲點。想擴展這扇窗的開放象限，就要自我揭露、共同探索以及展現脆弱的一面。

情緒智商的五大等級包含自我駕馭以及社會駕馭。自我駕馭中的自我覺察、自我調節和自我激勵，指的是情緒被觸發時能夠妥善回應、做出良好決策以及克服挑戰的能力。社會駕馭則包含同理心與社交技巧。

推論階梯指的是人由事實或經驗到決定或行動的思考過程，但人往往沒有意識到此思考過程，而最後推導出的假設通常都未經證實。

放慢思考來更接納、包容他人。利用以下四大問題來保持好奇心，而不是一下子就跳到結論：

一、有什麼是我不知道的？

二、針對現況，還有哪些解讀的可能？

三、萬一我錯了該怎麼辦？

四、我想做出正確的判斷嗎？

5 心態二：清楚的目標

「若不知何去何從，任何一條路都可以是方向。」
——英國知名作家路易斯・卡羅（Lewis Carroll）

設定清楚目標的兩大要素

清楚的目標與開放接納思維密不可分，更能讓這項思維繼續擴展。基本上，清楚的目標包含兩大要素。首先，你必須清楚知道自己是誰，以及自己擅長什麼，也就是說你有強大的自我價值感。身為人脈王，你得明白自己的強項為何、人脈網絡中有誰，以及你能如何協助身邊的人。如果這對你來說頗具難度，請參考《人脈，從建立好感開始》的第二章，並運用我在章節中提出的建議。此外，你們也可以下載三字訣品牌化練習（three words branding exercise），花時間找出自身優勢與長處，接著界定你的品牌。三字訣品牌化練習的QRCODE 如下：

「知道自己的目標」則是第二大要素，這點對你的成果或許更具影響力。你明白自己正在耕耘哪個領域，知道心中的方向為何，也很清楚該如何達成目標。以面試為例，面試時最容易碰到的問題是：「你覺得自己一年、五年和十年後在做什麼？」擁有清楚目標的人脈王通常能毫不遲疑給出答案，因為他們都已經深思熟慮過，也很有可能正努力往目標邁進。

如果你自認為是人脈王，但對於十年後的模樣還是毫無頭緒，不要緊張。因為我也不知道啊！目標指的有可能是下一步驟，未必是長程計畫。就算我們只訂了六個月後的目標也無妨，重點是你知道自己目前在努力什麼、為什麼要揮汗努力，以及希望付出能帶來哪些成效。

為了達成夢想中的目標，你必須認清自己前進的方向為何。旅人外出通常會隨身攜帶地圖，而在這個年頭，出門沒有衛星定位系統的人更是少之又少！人脈王都知道只要明確定義目標，例如清楚舉出目標客戶類型，或是培養某種技能，就能替計畫注入力量。只要明確勾勒出目標，就是在替達標旅程繪製地圖。另一方面，自我價值感能支撐你的願景，而所謂的自我價值感指的是你相信自己，對未來的成就抱持信心，也堅信自己具有達標的能力。不過首先，我們必須定義目標。

我的調查顯示，針對「認為自己能掌控人生的各種面向」此想法，人脈王認同的可能性約是非人脈王的一點六倍。請評估你有多認同以下說法：

- 「制定計畫時，我很篤定能讓計畫奏效。」
- 「我還滿能夠決定人生中會發生什麼事。」
- 「能獲得自己渴望的事物，通常是因為我有努力爭取。」
- 「人生是由自己的行動來決定。」
- 「是否能成為領導者，多半取決於個人能力。」

超過八〇％的人脈王認同上述說法，顯示他們認為自己獲得的成效是來自其所採取的行動。無論是在開車還是在職場上耕耘，這種掌握全局的感受大多是來自清楚的方向與目標。

我每年都會把計畫寫在便利貼上。沒有錯，這麼一小張紙上記著無比重要的目標。無論是未來一整年的規劃，或是各種雜七雜八的重要事項，我需要的不過就是一張紙條。如果紙條上寫不下的話，就代表那件事對我來說不算目標。理論上，我也不會費心思在那件事上。儘管大家設定目標的方式不同，方法也沒有對與錯之分，但化繁為簡絕對是件好事。

你可以考慮用 SMARTER 目標模型，來規劃職場與生活中的待辦事項。市面上有許多不同版本的 SMARTER 模型，但重點項目都大同小異。

管理目標的 SMARTER 模型

明確（Specific）。這是制定清楚目標的首要標準。你必須明確知道自己希望達成什麼目標。事實上，目標拆解得越細且描述得越明確，就越有可能辦到。

可衡量（Measurable）。設定目標時，問自己：「怎麼知道我是否已達成目標？」這就是你的衡量方式，同時也是進步的指標。衡量的標準可以是時間（以這個速度，或在這個時間之前完成目標）、數量（完成這個數量或減少這個比例）、頻率（多常執行），或者是品質（以這個水平的正確率，或是低於這個數字的錯誤率、抱怨頻率或退貨率來執行）。

可執行（Actionable）。這件事是能靠行動來改變的嗎？是否有可採取的行動來讓自己往目標邁進？如果答案是肯定的，就代表這個目標可執行。可執行的意思不代表這個行動必須出自於你。你也可將行動指派給他人來達成目標。舉個例子，我的某項個人目標是再也不要洗碗。所以我乾脆刪去這個任務，或是委託別人來幫忙。

實際（Realistic）。這點聽起來可能有些弔詭。大家都希望目標能帶有挑戰性，但同時又要能夠達成。因此，在設定目標時考量有哪些資源、安排任務的先後順序、想清楚自己對目標了解多少，以及達成目標需要多少時間。稍微逼自己跨出舒適圈，但還是要確定目標是可以達成的。如果目標太不切實際，我們就會失去執行的動力。

時限（**Timed**）。沒有這個項目，目標就會淪為想法。請替目標設定達成的期限。你預計在什麼時候，或是花多長時間來達標？替整段過程設定數個時間進程，就能確保自己不會偏離軌道。

許多 SMART 模型都停在這裡，但我強烈建議大家參考 SMARTER 模型，額外納入兩項對目標來說極為關鍵的要素。

吸引力（**Engaging**）。如果目標不夠有意義、吸引力不足，我們就難以提起勁來採取行動。問問自己：「為什麼這是個重要的目標？為什麼這個目標對我來說這麼重要？」你是真心**想要**達成這個目標，還是只覺得自己**應該**去做呢？這就是「為什麼」要達成「某項」目標的原動力。

回顧（**Revisited**）。這是關鍵。評估你的進展、設定里程碑，同時也要回顧目標的適切度。如果目標已經與你的人生脫鉤、不再實際或是缺乏吸引力，那何必繼續追求呢？根據額外資訊或手邊現有資源來重設目標，並調整時間進程。如果這個目標對你來說仍有意義，那加以調整總比中途放棄來得好。

我個人認為最明智的方法，是設定最長為期一年的可行目標。有些人設定十至十五年的超長程目標，最後發現根本難以落實。想太遠，有時對現況一點幫助也沒有。或許到了某個年紀你會想要小孩，**並**在華爾街的街角開間咖啡店，那在接下來的六個月內，你該做些什麼來讓自己離目標更近？擁有清楚的目標是讓自己抵達目的地的必要步驟。

思維任務

達成目標的計畫指南

有些事我們只放在腦中，並未實際付諸行動。我常說：「沒有期限的目標只是夢。」

我已經想寫這本書好一陣子了，但這個點子似乎大到有點難以實行。因此，我寫下一長串完成這本書所需的待辦事項，從中挑出一項開始執行。我在腦中構思可以實際執行的項目，接著設計調查問卷，並將問卷發送出去，回收之後再分析，然後……

你想要達成什麼目標？花五分鐘把這些項目寫在紙上。以你目前設定的一項目標為例，運用 SMARTER 模型來微調細節。釐清目標之後，就該問問自己：「我能執行哪些小項目來持續往目標邁進？」回答以下問題，從中做好準備：

一、我能執行哪個項目來往目標邁進？
二、能幫助我的人是誰？
三、我何時會進行這個步驟？

現在，有了確切的計畫之後，就該來好好執行了。如果整個計畫大到令人卻步，可以從中選出一件可執行的項目，並在完成時於待辦事項清單中打勾。如此一來，你就會獲得成就感。每當完成一件小項目的時候，就再問一次相同問題。每個禮拜都對自己說：「每週五我會問：『為了持續進步，在接下來七天我能執行哪件事？』」同時，找個可信賴的夥伴，每週通一次電話，討論你在過去七天為了往目標邁進做了哪些努力。行動能產生動力，不要遲疑，立刻開始吧！

達成目標技巧一：持續與人分享對談

想擁有清楚的目標，不只要了解自己的前進方向，更要知道往這個目標邁進需具備哪些條件。人脈王會採取許多行動，來將目標化為成就。他們會輕鬆談論自己正在努力的事項，自在尋求協助，通常也會很大方接受別人的幫忙（這點其實更不容易）。人脈王清楚知道哪些資源有助於達成目標。

之前還在金融業服務時，我的目標是創業。我志願到「迷途之心」（Stray from the Heart）這所動物援救機構當義工。每年我們會舉辦小狗喜劇慈善表演，除了有許多名人跟小狗到場參與外，不少志工也會前來協助。我跟朋友多娜一起擔任活動主席，當時她在摩根大通（JP Morgan）任職。在籌備活動的那幾週，我跟她分享自己想創辦培訓公司，也談到我會採取哪些行動。

活動當天來了兩百多位志工。有名男子上前與我攀談，他說自己目前是以約聘員工的身分與多娜共事，多娜也把我目前的計畫告訴他，但我完全不曉得他叫什麼名字。雖然我臉上始終保持微笑，卻一直無法集中心思跟他談話，畢竟活動現場有太多事情需要協助。不過我還是很雀躍地向他分享我的目標和安排。不出幾分鐘他就問：「妳想跟我老闆碰面嗎？」

「你老闆是誰？」我問。

「就是摩根投資銀行訓練部門的主管。」

我驚訝不已，回過神後立刻大力點頭，只說：「請讓我跟他見面，謝謝你！」

多虧這場面談，摩根大通成為我第一位客戶，當時我的新公司「領導關鍵」尚未成立。我還沒準備好名片、還沒正式送出成立公司的文件，也沒有專屬官方網站，但我已經找到第一位客戶了。我的夢想之所以會成真，是因為我腦中有非常清楚的藍圖，而且我不斷把計畫掛在嘴邊與他人分享。雖然我不記得那名男子的名字了，但仍記得他說他能清楚感受到我投注在目標上的能量與熱情。他說那就是為什麼當時想替我牽線。

過去分享這項建議時，有些人也提出他們的疑慮和反對。有些人不希望目前任職的公司發現自己的計畫，或是怕點子會被別人偷走。這些疑慮都很有道理，也非常值得大家深思。因此，為了不讓別人搶走你構思的點子，你能在跟別人交談時採取某些措施來保護自己，無論是正式或非正式皆可。你可以請對方簽訂保密協議，或是申請專利或商標來獲得法律保護。此外，你也可以避談計畫細節。舉個例子，你可以說自己正在找人替你的應用程式設計線框稿，但不要透露自己正在開發哪一類的應用程式。如果不希望公司同事知道你的祕密行動，那也不要緊。你可以自主選擇交談的對象，只跟真心信得過的人分享，並請他們保密。不然，你也可以跟產業外的人分享，以免消息在業界流傳開來。

在我從財務工作轉換到自行創業的那段時期，我知道自己走在最正確的道路上，因為我無法自拔地到處跟大家分享自己的計畫。我正著手努力的目標不僅相當有趣，而且也令人振奮。只要越多人詢問我的計畫，我的回應就會越熱烈激昂。然而，如果你不想談論自己正在進行的任務（除了因為簽訂保密條款或受限於目前職位以外），或許就代表這件事不是你真心想做的。畢竟，若別人能感受到你的熱忱，他們也會想參與其中。但假如連你對計畫都沒什麼熱度，那他們也不會有任何回饋。所以說出口就對了，而且要持續與人分享對談。

達成目標技巧二：坦然接受協助

有時我們無法坦然接受他人協助，更別提主動開口求援了。有些人脈王也曾難以接受他人的幫忙。我正是如此。我非常善於提供協助，分享自己辛苦淬鍊而成的經驗與心法，但我無法自在地接受他人協助，就算別人主動開口要幫忙也一樣。如果你跟我一樣，是否有想過為什麼呢？

提供協助能讓你覺得自己非常強大、有用，並能喚起使命感。我們會因奉獻而感到愉悅，更從中獲得無比成就感。但接受他人協助的效果恰恰相反，反而會讓人感到無比脆弱。有時你覺得自己根本是個煩人精，擔心會激怒旁人或是太過死纏爛打。我以前也是這麼想，所以都不會在需要或能夠求援時開口。

不過我們得好好想一想：如果**我們**在協助他人時能獲得正向感受，他人應該也是如此。轉成這個角度想就能提醒自己，當我們在尋求協助時，也能讓他人感覺自己有能力、生命有意義。在互動過程中展現人脈王行為，大家就會想對你跟你的目標有所貢獻，正如你也願意主動幫忙他人那樣。互惠互利絕對不是壞事，甚至還能強化人脈王效應。在互惠關係中，如果你曾經是受惠者，也會萌生想要回饋付出的渴望。我傾向把「接受幫助」，當成激發他人付出的契機。無論如何，只要讓受幫助者覺得自己也能有所貢獻，他們就會比較舒坦。

有時候他人主動提供的協助你未必需要，但你也不必勉強接受。不過我建議大家不要斷然拒絕。不要用「不用、不用，我不需要幫忙，我沒事。」這種方式拒絕他人的協助，這反而會在對方心中留下疙瘩。你可以誠摯表達感謝，告訴他們如果你有需要的話，絕對會主動讓他們知道。未來如果真的需要協助，別忘了跟他們說一聲！

三要點取得工作生活平衡

瑪莉・洛福德（Mary Loverde）是工作生活平衡專家和改變推手，這也是近年來新興的職稱。在當今無比繁忙、變化萬千的工作場域中，這個職位逐漸成為關鍵角色。每間公司或每個人的生命中，未必都有這樣一位專家在旁，所以你可能要靠自己來達成平衡。在第六章中，我會提供幾項訣竅，教大家如何騰出時間來連結人脈。而在這個段落，瑪莉會告訴大家如何以更宏大的角度來思考工作生活平衡。瑪莉指出：「科學證據清楚指出，如果能跟對我們來說最重要的人事物建立連結，我們就能成長茁壯。與其一直問：『我該做些什麼？』不如想一想：『我該跟誰或跟什麼建立連結？』這才是能讓人感到自在愉快的思維，而這種自在愉快的心情正是工作生活平衡的目標。」以下是瑪莉提出的三大概念：

一、**安排例行公事**：瑪莉建議安排日常例行公事，讓生活有所依據。例行公事可以是每天早上冥想十分鐘、撰寫感恩日誌，或是每天運動。你也可以安排例行公事或養成習慣來建立人脈網絡，例如每月安排兩次午餐聚會，或是每週與三位友人聯絡。正如瑪莉所說：「有意義的例行公事，能讓繁忙的日程表更穩定規律，不會那麼難以預料。」

二、**安排休息時間**：瑪莉這句話說得好，我非常有共鳴：「在數學上，不停加下去叫無限，但在人生中持續增加累積，這叫瘋狂。」休息是提升生產力與重振精神的好方法，許多國家的民眾也將這個概念融入生活中，例如喝下午茶或睡午覺。當然，把手機關機十五分鐘、在住家或辦公室附近散個步，或是在一天之中讀些有意義的文章，這些簡單的小動作也都算是休息。你還能利用下午茶時間跟朋友或同事相聚小聊。當你發現自己想急忙完成手上的工作時，停下腳步休息一下。我的休息活動，就是在餐桌上拼幾塊目前正在拼的拼圖。

三、**睡覺比科技重要**：許多研究都反覆證實睡眠對身心健康無比重要。瑪莉也說：「每晚提早半小時上床，效用遠大過於玩三十分鐘的手機遊戲、讀電子郵件或瀏覽 LinkedIn。」晚上睡不好，白天就難以發揮百分之百的實力。如果能在科技產品跟睡眠之間做選擇，當然是休息優先！

創造共贏的四大請求技巧

第一次碰到聽眾提出反對意見的那畫面，實在令我永生難忘。當時，《人脈，從建立好感開始》剛出版，我正在一個公開場合舉辦與人脈網絡相關的講座，也熱情鼓勵觀眾運用付出法則。說到一半，前排有位女士大聲發牢騷說：「我好累，不想再奉獻了。又有誰會替我付出？」全場鴉雀無聲，我們倆四目相交，她看起來非常尷尬，覺得自己怎麼會把腦中的聲音大聲說出口。不過，我很開心她說出了內心的想法。

我和她互動交流，她也卸下心防，顯然是因為把話說出口而感到舒坦。她說：「大家都沒有要回饋的意思。」我努力思考她為什麼會有這種感覺，腦中冒出許多可能的原因。難道她付出的對象是錯的嗎？不對，應該不是。難道她給錯東西了嗎？這也不可能。接著我看著她問：「妳開口跟別人要求過什麼嗎？」頓時，她的眼神透出驚訝和困惑。想了好一陣子之後，她洩氣地說：「什麼也沒有。」看吧，這就是問題所在！

人脈王都知道自己需要開口尋求他人的協助。不過主動詢問總是令人卻步。畢竟，如果對方拒絕怎麼辦？如果他們覺得我很沒禮貌、死纏爛打，甚至根本忘了我是誰，那該如何是好？我們總是會胡思亂想，說服自己不要主動爭取。目標清晰的人脈王都曉得，開口詢問根本**沒什麼**，甚至還是**必要之舉**。加拿大知名冰球運動員韋恩．格雷茨基（Wayne Gretzky）就說：「如果不出擊，百分之百肯定不會命中。」只要願意開口，獲得所需協助的機會就會大增。若想避免他人以負面的角度來看待你的要求，或不想危及人際關係，你其實可以採取各種方式來詢問。首先，搞懂自己到底在怕什麼。你是怕會讓別人為難、造成他人麻煩，或是擔心會讓對方尷尬而傷及友誼嗎？然後，根據你的疑慮選擇適切的策略。以下提供四大毫無壓迫感的「請求」法，讓你跟請求的對象都能感到舒坦自在。

一、**「給予拒絕空間型」請求**。答應很簡單，拒絕可就不容易。有些人縱然想答應，卻必須或不得不拒絕。因此，在開口請求時，讓對方不僅能輕鬆答應，更能自在回絕。如果他們真的必須拒絕，你也不希望把場面搞得太難堪。假如他們心裡有疙瘩，就會對你避而遠之。若他們因為拒絕你而感到尷尬，長遠的關係就有可能受到折損。因此，在請求時給予對方拒絕的可能，讓他們有理由拒絕你。例如以「不知道你有沒有時間？」或「不知道你公司允不允許？」為開頭，再追加「如果不行的話，沒關係，我可以理解。」這樣就能讓他們舒坦地拒絕，也不會抹殺未來可能的合作機會。

二、**「簡化」請求**。雖然你已經給予對方拒絕的空間，但這不代表你希望對方拒絕。如果能簡化請求，對方就更有可能答應。這個技巧的重點在於，在提出請求時，明確給予對方選項，讓他們知道該如何協助。而「簡化」請求又可細分為以下三類：

- 「**替代方案式**」**請求**。這就是「兩者任一」型請求，讓對方透過其中一種方式來協助你。雖然問句中的兩種方式對你來說具有同等價值，但對方可能會偏好其中一種。因此，提供選項讓他們選擇吧。
- 「**縮小型**」**請求**。這也屬於「兩者任一」型請求，不過第二個方法通常是比較小的請求。例如：「要不要一起吃個午餐，或喝杯咖啡就好？」如果對方還是未答應，也可以持續縮小請求：「如果你很忙的話，不知道電話聯絡會不會更方便？還是你能把誰介紹給我嗎？」這個概念就是持續限縮你的請求，直到提出對方能夠答應的選項。
- 「**給予方便型**」**請求**。如果對方能提供你助益，或位階比你高時，就應該利用這種類型的請求，而且盡可能讓對方覺得越方便越好。「你想要直接約在你的辦公室，還是你有推薦、喜歡的咖啡廳呢？下午兩點或三點，哪個時間你比較方便？你方便就好，我都能配合。」你必須配合對方，以他們執行請求時的偏好為依據。

三、**「非索求式」請求**。這種請求類型聽起來不像請求，因此最容易獲得對方的協助。提出這類型的請求時，你並不要求對方採取特定行動，只是在分享手邊的計畫或現階段目標。舉個例子，與其直接問如何讓著作成為暢銷書，我反而會說：「我現在的目標是讓自己的書熱賣。」這就會激起他人協助的渴望。我們天生樂於助人，希望能替他人帶來效用，所以只要表露你的渴望，就能鼓勵對方提供無比珍貴的建議。如果你的表達方式太過隱晦，可以追問：「你有什麼點子嗎？」大家都想集思廣益，接下來就換你專注聆聽囉。

四、WIIFT 請求。WIIFT 指的是「對他們來說有何好處？」（What's in it for them?）的縮寫。在這種請求當中，你會考量到對方能獲取哪些益處。想一想，請他們協助某件事時，他們會獲得哪些正面效益？假設你現在想參加某場會議，希望公司能支付開銷。你當然知道自己為什麼想參加，也知道參加對自己來說有哪些好處（WIIFM，What's in it for me?）。但這些理由還不夠充分，公司八成不會想花數千美元讓你去開會。那麼，有什麼誘因能讓公司派你出席會議呢？有些相當具有前瞻性的組織，在邀請大家來參加會議時會提到，參與者能在會後將所學與公司經理分享，這對公司來說也是一大益處。不過在運用 WIIFT 請求時千萬要注意，絕對不要捏造虛假的益處。最好能坦承雙方帶給彼此的助益有何差距。換句話說，假如你是社會新鮮人，絕對不要對大企業的執行長說，跟你面談能對他的公司帶來極大助益。你應該誠實表露自己能獲得的益處，以及能提供哪些回饋：「我不確定是否能幫上忙，但如果您有興趣的話，我很樂意分享自己這個世代的觀點，或是跟您討論不同線上平台的差異。」這樣就能展現貢獻的意願，而有時候這樣就夠了。

求助禁忌

最近我在 LinkedIn 上收到一名陌生人的請求。這種事其實滿常發生的，不過我通常很歡迎新的人脈連結，也會在建立連結時傳個短訊（關於使用 LinkedIn 的訣竅跟技巧，請參考第十一章）。但有時我收到的請求，完全可以拿來當作反面教材。在剛才提到的連結請求中，我收到以下訊息：

嗨，蜜雪兒。請瀏覽我的檔案、讀一讀我的履歷，再告訴我妳認識的人當中，有誰能協助我找到好工作。感謝幫忙。

坦白說，我當時看到的反應是：「有沒有搞錯！」雖然我很欣賞這個人的大膽跟直接，但尋求協助的方法有好有壞，這封訊息完全是錯誤示範。我們根本還沒相互連結，他就已經開始下指令，而非詢問我是否能幫忙。這種態度實在令人退避三舍。雖然與能提供協助的人聯繫絕不是壞事，但如果對方能先在訊息中談談為何要與我聯繫，或是表示曾經讀過我的作品，接著再問我是否願意提供建議或協助，搞不好我的回應會截然不同。

讀過我第一本書的讀者或許還記得，我曾在耐心法則的章節中提過藍迪。藍迪這名同事在跟我碰面的十分鐘內就請我替他介紹客戶。雖然此舉很勇敢，我欣賞他的勇氣，也尊重他的行事作風，但這種態度令我不敢恭維。身為人脈王的我，絕對不會這麼快提出請求。我絕對不會在初次聯絡時想：「你能替我做些什麼？」這會帶給別人一種**我**、**我**、**我**的自我中心感，而不是人脈王的**你和我**思維。我的本意並不是想勸大家不要開口求助，而是如果能事先搞清楚哪些方式不管用，你或許就會對自己選擇的提問方法感到更自在。

我常問：「你需要什麼、想要什麼？我能幫上什麼忙？」如果想擁有清楚的目標，就必須能明確回答上述問題。同時，確切知道自己能帶來哪些貢獻，以及需要哪些協助。當你回答得越清楚詳細，別人就越有可能滿足你的請求；當你越專注傾聽，你也會有越多機會來協助對方。

重點回顧

清楚的目標指的是你知道自己是誰、了解自己的長處與優勢、熟悉手上正在執行的計畫以及需要哪些協助。

SMARTER 目標是用來評估跟調整目標的模型，能讓目標更清晰可行。

- **明確**：明確定義想達成的目標。
- **可衡量**：設定可衡量的目標，才能判斷是否已達標。這是進步的指標。
- **可執行**：確保自己能採取實際行動，讓行動帶你往目標邁進。
- **實際**：訂定有挑戰性，但仍可達成的實際目標。
- **時限**：設定期限或執行的頻率，這樣才能設立終點。
- **吸引力**：找出動力來源來達成目標。
- **回顧**：在執行過程中設定里程碑並定期評估檢討，藉此判斷目標的進展。

取得人生平衡的方法包含：安排每日例行公事，讓生活有所依據、利用休息時間重新充電，以及最重要的是好好睡覺。

開口請求不容易，但卻是必要之舉。我們能透過不同請求技巧，提升對方協助的意願與可能。

- **「給予拒絕空間型」請求**。讓對方能輕鬆自在地答應或拒絕。因此在提出請求時，提供讓他們能拒絕的原因。
- **「簡化」請求**。請求的內容越明確簡單，對方就越有可能答應。比方說，提供選項，讓對方明確知道該如何協助你。
- **「非索求式」請求**。不提出特定需求，而是分享你的目標和計畫，歡迎對方主動提供協助。
- **WIIFT 請求**。WIIFT 指的是「對他們來說有何好處？」這種請求同時顧慮到對方能獲取的益處。因此，在請求對方的協助時，思考他們能獲得哪些助益。

6 心態三：富足思維

「相信自己能成功的人，能將他人眼中的威脅視為機會。」
——美國知名領導思想家馬歇爾・葛史密斯（Marshall Goldsmith）

稀少思維與富足思維

人脈王相信富足的存在，譬如：機會的富足、工作的富足以及人際關係的富足。不過我們生來就對稀少感到提心吊膽。這點我完全了解。在我的成長過程中，我覺得自己是個「什麼都沒有」的孩子，社區中的其他家庭都比我們家更富足。富足是最難養成的思維。

姊姊跟我在單親家庭長大，小時候家裡的財務狀況非常拮据。我們家的房間空空如也，媽媽為了付貸款把家具都賣了。連續三年來，在學校拍團體照的那天我都穿同一套洋裝。（幸好我沒什麼長高！）我媽非常有創意，腦筋動得很快，生活必需品總是不致匱乏。因為根本買不起，所以我學會不要求媽媽買東西給我。我根本沒辦法為了開學第一天買新衣服，這已經超出預算。

大學畢業後，財務安全是人生的首要目標。花錢消費對我來說，反而成為需要放寬心去調適的課題。金錢匱乏實在很嚇人。在英文中，嚇人（scary）跟稀少（scarcity）這兩個字的拼法如此接近，實在是很妙。稀少令人提心吊膽，而稀少思維其實是來自於內心的恐懼。富足思維則完全相反，它代表你知道並堅信你與他人有取之不盡的資源。在這個章節中，我們會談談富足思維的真正意涵，以及該如何克服稀少思維。

不過首先，我們必須判斷自己目前是傾向稀少還是富足思維。如果你不確定自己的傾向，可以參考表6.1的思維比較。哪個欄位的描述你最有共鳴？我們的思維通常是由過往經驗所形塑，例如成長方式以及父母的思維。因此反思過去有助於了解現有思維，以及這種思維如何影響你在個人生活與專業場域上的抉擇與行動。

【表6.1】稀少思維與富足思維

	稀少	富足
觀點	一切都不對勁。你覺得自己很不幸，像個受難者。你對凡事都做最壞的打算，擔心資源過於稀少。你或許會拒絕付出、會積聚錢財或物品、疏離他人、不願嘗試或迅速放棄。	你相信事事都會有完美的結局，並認為自己掌握一切。當狀況不理想時，你會思考能如何發揮影響力來加以改善。你會承擔責任與風險並採取行動。
情緒	擔憂、害怕、焦慮、負面、多疑、悲觀、脆弱。	正面、自信、情緒穩定、樂觀、感覺掌握力量、能幹、滿足。
內在訊息	我辦不到、我不應該。這樣行不通、這樣不夠。我必須保護自己的財物和資源。	我辦得到、我會辦到。一切都會順利發展。我還有足夠的資源可運用。
態度	猶豫、裹足不前、不採取行動。	勇敢、自信、積極行動。

破解恐懼的迷思

應對並降低稀少感的第一步，就是先承認心中的恐懼。這是我從 Podcast 節目主持人喬丹．哈賓格（Jordan Harbinger）那邊聽來的建議。他的勵志節目在 iTunes 上名列第一，而他也是富足思維的擁護者，這或許是因為他已戰勝稀少思維了。

喬丹過去非常好勝而且不樂於付出。他認為稀少思維是會不斷惡化的思考方式：「你會不斷建構出慘烈的故事，告訴自己最壞的情況將要發生，例如：我不想介紹朋友給別人認識，怕會用光自己的善意。」或是「他們認識之後，搞不好會建立出比我跟他更深厚的友情。」類似故事也曾浮現在我腦中。舉例來說，我之前就曾猶豫到底要不要幫我的編輯介紹人。後來我決定消滅心中的恐懼，不去想她是否會變成大忙人或是抬高編輯價碼。

發現自己在做決定時充滿恐懼，就要先問**為什麼**。你究竟在怕什麼？然後改變腦中的思維。喬丹提到：「那些讓你卻步的考量，其實不一定真的會發生。你只需要把這個可能性放在腦中，讓你在行動時能稍微拿捏分寸即可。」就算心中的恐懼感是合理的，但不幫忙牽線介紹或協助他人，並不會帶來多大效益，無法讓你躲過腦中設想的悲劇，反而會對精神、人際關係和成就帶來更大傷害。

大家心中難免有所恐懼，所以我很欣賞喬丹的主張：「恐懼沒什麼，有恐懼感也不是什麼丟臉的事。」他建議大家破除伴隨恐懼而來的羞恥感。他表示多數人會發現，自己之所以會出於恐懼而行事，原來是因為不夠有自信！

停止比較的武器

停止拿自己與他人做比較，這是信任自己和相信自身技能與價值的重要關鍵。我們拿自己與他人比較，接著再自我評價，使自己感到優越或低人一等。相反地，建立內在自信則有助於培養富足思維。

喬丹建議大家從其他領域來獲取安全感。他坦承：「我以前很習慣藏私。我意識到自己之所以會這麼做，是因為擔心落後他人。如果別人真的領先了，我該怎麼辦？他們會獲得採訪機會、變成更好的主持人或記者，接著我就會流失聽眾甚至失業。」

喬丹必須擺脫自己設想的悲劇故事。為了消滅這種念頭，他告訴自己：「待在悲慘、自憐自艾的處境中，封鎖身邊美好的人際關係，絕對會帶來負面效應。我該如何改變這種心態？」喬丹的答案就是發揮最強的訪問能力，製作出最優質的 Podcast 節目。他辦到了！我也進行過幾百場訪問，但初次上他節目時，他的採訪方式實在出乎我意料！他的採訪跟我之前做過的採訪截然不同。我還記得當時心想：「完了，這是我做過最糟的訪談。」節目結束後，我才發現那場訪談在我的受訪經驗中可說是無懈可擊！喬丹不會再因為自己的來賓跟其他節目重複，而擔心會流失聽眾。他解釋：「我不只讓來賓發揮，我也會做功課，拿出獨一無二的本領。我替自己創造價值，成為無可取代的主持人。」如果你的唯一安全感來源是手中的人際關係，那你肯定不會想與他人分享。因此，別忘了從其他來源，如對自我專業的信心、你具有的能力，或是在其他領域開發出來的優勢，打造足夠的安全感。

別擔心，你不需要獨一無二的優勢。每次我忍不住拿自己跟其他講者比較時，都會不斷提醒自己這點。舉凡其他講者用字精準、故事情節緊湊、結構與組織能力絕佳，這些特點都令我激賞。富足思維能讓我在意識到其他講者也非常優秀的同時，不去矮化貶低自己。其實重點在於自我比較，而不是跟他人比較。提醒自己：「我很擅長做**這件事**。」不管**這件事**是什麼都好。別人是否也對這件事非常拿手或更在行，這都不重要，重要的是你也具有這項優勢。如果心中充滿勝任感，就能獲得喬丹所謂的「情境式自信」。真正的自信不受他人能力或才華影響。擺脫「如果……就……」的思維吧：**如果他們很棒，我就比較差**，或**如果他們能力不足，我的才華就會被別人看見**。喬丹一針見血點出問題所在：「重點不是擊敗別人，而是看見你創造的價值。」

找機會讓他人發光發熱

在職場上與他人比較本來就是人之常情。畢竟老闆在決定要讓誰升遷時，也會比較不同候選人的能力。我永遠都不會建議大家看輕自己、不要發聲或是否定自己的貢獻。請勇敢站到鎂光燈下，大膽發光發熱。然而，當你在職場上一步步往上爬的時候，也讓別人有盡情表現的機會，這就反映出富足思維。

從個體貢獻者轉換到管理他人的經理，這是令人惶恐不安的過渡期。以前，你習慣一人作業，並從自己完成的工作中獲得成就感。但新的工作型態截然不同。現在，別人會透過你跟他人合作的成果，以及你下屬的工作績效來評價你的表現。只有在團隊表現優異時你才會受到認可。這種轉變實在不好適應。

我指導的某位客戶就處於這個轉換期，她始終不曉得自己到底該承擔多少責任。她的上級長官告訴我她花太多心思在處理細節，需要學習如何讓他人承擔責任、發揮所長。我給她的建議是讓團隊成員有機會表現。就算她覺得同樣的工作自己能做得更快、更好，還是得後退一步，讓同事有機會發光發熱。比方說，在開會時真的後退一步，坐在會議室後方就是個很簡單的方法。這樣一來，她的團隊就得負責討論、回答問題，她只需要在必要時介入。

即便將主導權交給他人，特別是在團隊面前給予稱讚時，你還是擁有掌管一切的權力。將聚光燈對準他人，光芒就會反過來映照在你身上。主管或經理最樂見的，莫過於能帶領一支表現亮眼、氣氛愉快且運作流暢的團隊。

給予讚美

給予讚美是另一種讓他人有表現機會，並停止拿自己與他人比較的方式。波士頓顧問公司（Boston Consulting Group）針對全球二十多萬名受訪者，進行全面性的工作滿意度調查。他們發現能讓員工快樂的最大因素，是工作成果受到表揚與讚美。[1] 以低調或高調的方式來認可他人的表現，能大幅提升人際關係並維持富足思維。

不必等到他人有多麼了不起的成就才給予讚美。舉例來說，我兒子最近決定吃素，他本來就滿挑食的，而且也有乳糖不耐症。我苦於不知道該準備什麼給他吃，就詢問褓母是否有什麼意見。於是，她開始研究該如何烹調豆腐，更將家中前一晚剩下的米飯跟豆類帶來讓他試吃。我感謝她願意多花這點心力，來實踐我兒子吃素的選擇。一句如此簡單的感謝，就能換來褓母臉上的笑容，她那滿足與自豪的神情可是維持了好幾個小時呢。

獲得讚美與賞識對創業家來說同樣意義非凡。在繁忙的企業環境上班的人，總有機會能獲得令人士氣大振的讚美，創業家則缺乏這種環境。我剛開始四處演講時，曾收到一個區域性女性科技從業人員團體的邀請。幾年後，我又受邀到她們的全國會議演講。有位聽完兩場講習的女子走過來對我說：「妳成長好多！」這句話所激發的正面效應至今仍在我心中迴盪。當時我半句話也說不出來，我當然知道她指的不是我的身高，而是我的演講能力！她感受到我的成長與進步，這對我來說實在是意義非凡，也讓我更有動力持續強化相關技能。

我真希望當時有問她自己**哪裡**進步了，而這也帶出我接下來要談的概念。當你讚美別人時，請舉出明確的實例。點出對方說得好或做得好的事，以及為什麼這件事值得嘉獎，這樣他們就會以各種方式再度實踐這項長處。如果想進一步增進讚美的效力，可以讓他們知道他們優秀的言行，對計畫、成果或你個人帶來哪些助益。

如果想看出機會並保持樂觀，認可自己的成就是非常有效的方式。畢竟，讚美別人總是比讚美自己還容易。因此，我都會跟共事過的夥伴分享一項策略，那就是製作成功檔案。而實際做法如下：將你收到的推薦感言或讚美的電子郵件紀錄下來。如果對方是給予口頭讚美，你也可以動筆記下你的成就或是別人在會後給予的稱讚。不管這個資料夾是實體或虛擬都好。無論你是在回顧工作表現，還是剛好心情低落，需要回想自己曾締造哪些正向效應時，這本成就檔案夾都能派上用場。

翻轉思維，洞察機會

從九〇年代到二〇〇〇年初我都在金融財務產業打滾。當時，高階管理階層中的女性可說是少之又少。在男性主導的產業中，少數打破性別限制的女性主管，也很少將注意力擺在女性下屬身上。我們都希望公司中唯一的女性合夥人能擔任我們的指導者，但她從未指導過任何女性員工。

位居頂層的女性主管竟然不回頭幫忙其他女性，這令我相當吃驚。但這種情形在當時顯然不少見。（我很開心時代已經改變了！）後來我才發現，原來這種行為是來自稀少思維。她們認為女性擔任主管的機會有限。因此，公司中的其他女性都是勁敵而非同盟。我還真的聽過一位女同事說：「高層只會選一位女性擔任合夥人，那個位子絕對是我的。」

機會渺茫，這麼說確實沒錯。不過，過去女性合夥人的數量不多，不代表未來就不會增加。人脈王不相信現狀會永遠不變。他們認為自己能改變現況，同時也會採取相應的行動。他們會從中看出機會。

時代不斷演進，稀少思維仍然存在。在我目前所處的產業中，就有其他教練或指導者避免與彼此往來。他們說：「我們是競爭對手。」對我來說，我從來不把他人看作是競爭者，而是**策略性夥伴**。因此認識產業中的其他從業人員，特別是那些具有類似技能的人，是件非常有幫助的事。舉例來說，如果能跟具有類似專長的同業相互連結，我就能在無法接下某場演講邀請時，把他們推薦給客戶。這樣一來，我對客戶來說仍是非常有價值的夥伴。有時候我也會擔心自己因為生病或班機延誤，而無法履行已經排定的演講。假如我到不了該去的地方，知道有人能隨時替代豈不是件令人心安的事？如果將大家視為競爭對手，我就無法請人接替我的工作了。

擺脫「市面上只有幾位……」的思維。不管你想在……中填入什麼，這種心態只會讓你綁手綁腳，讓你的可能性、影響力和成果受到限制。然而，當你接受富足思維，這種思考邏輯就會成為習慣。你能體驗到與他人的互惠關係，內在自信也會不斷增長，更能開始從各種情況中找出機會。

培養富足思維的三大策略

其實我能以兩種角度來看待自己的童年。雖然我在當時就具備這兩種觀點了，但擁有現在的人生歷練後，要我用這兩種角度來回顧過往更容易。而我媽也在我小時候就非常強調志願服務的重要性。另一方面，我也能辨識真正的需求，因此雖然我總覺得朋友擁有的比我還多，但我也不致匱乏，因為我有的永遠不嫌少：我有足夠的食物、足夠的衣服，當然還有無比豐富的愛。

一旦覺得資源不足，心中就會萌生稀少的感覺，因此人們才會想保護「屬於自己」的事物。我們的目標是轉移信念，相信自己擁有足夠資源，但這並不容易。我還記得自己從獨營執業者，轉換到創立公司的那段過程。由於公司的許多業務都是由我的團隊完成，我心中肯定也會有恐懼和擔憂。我擔心是否會將客戶拱手讓給我的約聘員工。如果那些約聘人員跟客戶建立強健的關係，由他們替客戶完成工作，那客戶就不需要我了。但我沒有被這股恐懼感打敗。

為了克服這種心態，我們必須同時運用富足與信任思維。我願意相信自己與客戶和約聘人員締結的關係（我會在下一章節細談信任）。我也決定相信市場上絕對有大量客戶與充足的案子，別人沒有必要偷走我的客戶。富足思維能轉化成自我實現心態。因為我放手讓團隊以我也認同的方式來與客戶合作，公司才得以獲得極高的信譽。客戶相信我會讓優秀的教練來帶領他們的群眾，案子也就源源不絕而來。有句俗諺說，不要將半滿的玻璃杯視為一半是空的，而是有一半是滿的，這就是所謂的富足思維。人脈王會堅守這項信念，挺過充滿疑慮和恐懼的時刻。

一、感受並轉換心態

心態富足的人偶爾還是會萌生嫉妒心。每個人都會羨慕或嫉妒他人，這就是人生。不過你可以好好運用這種想法，也就是不去跟別人較勁，反而是透過他們的成就來激勵自己。將他們的經歷當成學習的機會，不要浪費精力在對自己無益的情緒上。

我最近才經歷這種心境轉換。曾在我團隊中任職十年的前員工告訴我，她跟一家大型運動組織談好合作案，報酬相當優渥。當下我心生嫉妒，希望那家公司是我的客戶。不過我立刻在心中打自己一巴掌，擺脫這種嫉妒的心態。我必須提醒自己：我希望員工都能有很好的發展，而他們的成就絕對不會否定我的成就。

我成功轉換心態，以讓自己感到舒適自在的方式來回應：「哇，太棒了！妳怎麼辦到的？」接著我就專注聆聽，因為她的經驗非常值得學習。我想知道，我能如何仿效她的成功模式，才可以找到如此優質的客戶？後來我也提供評估工具與訓練內容，稍微幫了她一點忙。結果這位前員工就找我合作，我也從中獲得金錢報酬。要是我當初沒有轉換心態，大概也無法以開放的心態面對接下來的大好機會，我最後甚至成為那美好計畫的一分子。而那是因為，我保持心胸開放並從中看出機會，不以競爭心態來看待對方的成就。

轉換心態的技巧在於讓情緒自然湧現，不要因為有這些情緒而懲罰自己，也不要因為那短暫、自然的反應而苛責自己。我們可以先感受這些情緒，並藉由轉換成富足思維來克服內心的自然反應。如果你努力奮鬥了好一陣子，被升遷的卻是同事，心裡肯定不好過。你必須好好消化及處理自己對狀況的感受。比方說，你可以私下宣洩情緒，或是向值得信任的密友傾吐。下一步則是要設定鬧鐘。在我家，我們有個廚房用的計時器，這個鴨子造型的計時器會在時間到的時候呱呱叫。孩子還小的時候，我都會在他們哭鬧崩潰或吵鬧時用這個計時器。我會問他們需要幾分鐘來哭鬧，接著一起設定計時器。我會要他們盡量宣洩情緒。在計時器響之前，他們（或你）要怎麼大哭大鬧都可以。

你可以盡情感受情緒、發洩心中的負能量，或是找人傾訴討拍。但要設定好計時器，計時器響起時就該轉變心態。專注精神，盡可能替同事感到開心。仔細想一想，他們升遷之後或許能替你的職涯帶來更多影響或機會。搞不好你過去跟他們合作無間，因此可以跟他們聊聊你的職涯規劃，或是請他們協助你達成心中渴望的目標。假如這段過程很難熬，可以專注尋找下一個機會，畢竟機會永遠都有。或許你也可以趁這段時間，看看其他部門或別間公司是否有新的合作案或職缺。

世界上有無窮機會等著你！靜下心來想一想，搞不好暫時受挫後，最後能迎來無敵美妙的結果。我在本書開頭提到自己被裁員的事。那種感覺超差的，我內心很受傷，一直問：「為什麼是我？」但我必須說，被裁員其實是我人生的開端。當時我才發現自己真正在行以及想做的是什麼。那是生命在暗示我：「妳走錯路了。如果不自己離開，我們就要把妳攆走，幫妳找到對的路。」

二、練習感恩

感恩是樂觀的催化劑，更是富足思維的基石。市面上有多項研究指出感恩能帶來無數益處，例如提升同理心、增進自尊、讓人更快樂，甚至還能延長壽命。練習感恩能讓我們培養富足思維。

想要練習感恩，就必須養成適合自己生活風格的習慣。我爸的工作是房屋仲介，他在我跟我姊年紀還小的時候，會開車帶我們去幫登記出售的房屋拍照，我跟我姊都無聊地坐在汽車後座。有些小孩從小就學會認星星或汽車，而我則培養出對房屋的知識，這些知識永遠烙印在我腦海。搬進自己買的房子後，我發現自己常在開車時觀察別人的房子。看著那些房子，我會在心中細數它們討喜和不討喜的特點，並拿這些房子跟我家做比較，有時我甚至會把這些念頭說出口。

有一天我老公問：「妳為什麼要比較房子呀？」我告訴他我從來沒想過自己能買下現在這間房子，也沒想過能擁有現在的生活。我真的非常感恩。我不忘提醒他，我當年是在空蕩蕩的房子裡長大的，而我們家後來擁有的家具，一部分是路邊撿來的，其他則是非營利組織善意企業（Goodwill）的捐贈。他點點頭，也知道我媽還是很喜歡在「路邊特賣會」買東西。我告訴他，這種觀察其他房子並跟自家做比較的行為，是我對現在擁有的一切表達感恩的方式。

我每天都會問孩子：「今天有什麼美好的事情啊？」目的是讓他們專注在正向事物上。練習感恩是非常有感染力的事。而促進他人培養感恩的心，也能讓自己練習感恩。藉由培養感恩的心態，並鼓勵他人養成感恩的習慣，就能讓好感度與績效大增。我的研究也證實這項說法，懂得感恩能增進一個人的能量等級，因此不僅有助於結交朋友，還能讓人際關係更深厚穩固。

寫感恩日誌是大家公認的好方法。然而，不必等到特別的好事發生才表達感謝，只要寫下：「好感謝鄰居總是會對我微笑招手。」就能讓你轉換心態，以正向的態度看待一切。每天花五分鐘寫下令你感激的事物。寫完整本日誌時，你會發現自己很少重複紀錄相同的事物。每天花點時間想一想，能對哪些枝微末節的小事表達謝意，就能成功建立富足思維。

三、投資時間

我們永遠都覺得不夠的資源就是時間。沒錯，時間確實非常稀少。不過對於身為人脈王的你來說，最棒的事就是好好投資時間。投資時間不用成本，更能帶來**無限**回饋。投資時間的訣竅在於，找出每天或每週當中有哪些未充分運用的時段。研究顯示下午四點過後生產力會大幅下降，而週五則是一週當中生產力最低的一天。[2]整合這兩項因素，我們就能在週五下午四點後花時間來締結人脈，畢竟這段時間已經沒什麼工作效率了！

通勤時間也非常值得加以運用。現在，大家都不與鄰座的乘客交談，每個人都直盯著手中的手機。當然，你也可以好好利用這段通勤時間，像是運用通訊軟體來與某人聯絡。如果你是自行開車上下班，也可以利用藍牙設備跟朋友好好聊一聊，讓行車過程更舒適宜人。對我來說，吃完中餐之後我都會感到昏昏欲睡，大腦根本無法正常運作。所以我喜歡在這個時候打電話跟朋友聊聊，讓我重新提振精神。你必須清楚了解自己什麼時候精力充沛，什麼時候精神萎靡，從中找出可以運用的時間。請瀏覽《人脈，從建立好感開始》第四章的能量法則，評估你是否清楚知道自己的能量波動與分布。如果你習慣在早上八到九點之間，在咖啡還沒發揮效用時與人聯繫，那當然沒問題。你必須知道哪個時段最適合自己，並在日程表中空出那段時間，確實將時間用來建立人脈。或許你想在每週四下午花十五分鐘來建立連結，這也很棒，十五分鐘能跟很多人聯繫呢！當然，我知道一天只有二十四個小時，每個人都需要一點時間讓自己沉澱。所以，在花時間建立連結的同時，也別忘了找出生活的平衡。

思維任務

投資人脈練習

思考一下，你想在本週跟哪五個人聯絡？找出與他人聯絡的理由，讓自己更容易貫徹執行。不必硬是想出什麼驚天動地的好理由，也可以單純是因為：「我突然想到你，所以想跟你聯絡一下。」

見面：對象：＿＿＿＿＿ 理由：＿＿＿＿＿

電話：對象：＿＿＿＿＿ 理由：＿＿＿＿＿

電郵：對象：＿＿＿＿＿ 理由：＿＿＿＿＿

視訊：對象：＿＿＿＿＿ 理由：＿＿＿＿＿

＿＿＿：對象：＿＿＿＿＿ 理由：＿＿＿＿＿

現在立即採取行動！然後再構思下週預計跟另外哪五個人聯繫，持續在行事曆中紀錄想聯絡的對象。舉例來說，我就有個紐約聯絡清單，裡頭紀錄想建立連結的紐約友人。如果我預計到紐約一趟，就會跟他們聯絡，看他們有沒有時間出來聚一聚。我會很簡單地說：「嗨，我這週三會到你家附近辦事，有空出來聚會嗎？」就算沒約成，也能在他們腦中留下印象，讓彼此的連結持續長存。

接下來，挑選聯絡的管道與方式。寫電子郵件是最不具侵略性，但也是最難獲得立即回應、最容易被忽略的管道。而最直接且近距離的連結方法是面對面接觸，不過視訊也是個不錯的備案。再來是透過電話聯絡，或是在即時通訊軟體上傳訊息。基本上，透過見面、電話、視訊或即時通訊來聯繫，都會比利用電子郵件更快獲得回應。然而，如果你不確定對方是否願意建立連結，可以先用電郵這個最有距離感的管道來聯繫。但有時候我怕電郵裡的行文用字會被曲解，所以也會透過語音信箱來傳訊息。

你或許會問，在一天或一週中的什麼時候聯繫最恰當？我認為這要視情況而定。我有位客戶在政府部門上班，所以下午五到六點最適合跟他聯絡。他白天根本忙到沒時間接電話。有時候我會在早上八點打給企業客戶。如果他們習慣早起，通常會在這個時候親自接電話，而不是請助理代接。我覺得一年三百六十五天都能聯繫，像是假日就很適合約人出來喝杯咖啡。

如果你還是不認為值得投資時間在人脈連結上，克莉絲汀．普雷斯納（Kristen Pressner）的故事或許會讓你改觀。她在跨國醫藥研發公司擔任全球人資主管，該企業總共有三萬五千名員工，研發資金高達一百二十億美元。此外，她還是四個小孩的媽，更是家中唯一的經濟來源。雖然她日理萬機，但還是能找時間接受我的訪問。她說：「我通常會將一半時間投資在人際關係上，讓這些人際關係替我消化八成的工作量。」她也針對這項數字加以解釋：「跟各式各樣的人建立人脈連結，是件重要但不急迫的任務。雖然當下你可能會有點沒把握，覺得看不到確切成效，但一定要克服心理障礙，相信付出絕對會有回報。畢竟，建立人脈絕對是值得的投資。我一直認為這是對的信念。」克莉絲汀，我舉雙手贊成。我就是秉持這個信念，才會動筆寫這本書！

三要點高效建立人脈

大家每天都得絞盡腦汁擠出時間來滿足各種需求。雖然我個人認為真正的平衡並不存在，不過大家都有選擇權。我們有權選擇花時間做哪些事，以及不將時間浪費在哪些事上，問題就在該如何決定。因此我與朵利．克拉克（Dorie Clark）聯繫，她著有《你就是創業家》（*Entrepreneurial You*）、《深潛：10步重塑你的個人品牌》（*Reinventing You*）與《自我宣傳》（*Stand Out*）等著作，同時也是杜克大學（Duke University）福夸商學院（Fuqua School of Business）兼任教授。她每天都得花時間應付各方需求，但還是能把建立人脈放在第一位。

她說：「將自己經營得越來越成功時，情況勢必會有所改變。以前你不斷請求他人跟你見面，現在反而是大家會來主動接洽。這種感覺起初令人非常得意。但在事情越來越多的時候，會發現雖然建立一定程度的『非策略性』人脈連結是例行公事，但這也很有可能會降低生產力，影響完成工作的能力。」她分享以下三大訣竅，教大家將時間發揮到淋漓盡致。

一、**經營自媒體，以內容作為初步回應**。朵利有個很簡單的辦法，能用來應付那些並未在發問跟聯絡前做好功課的人。如果對方問的問題她已經在文章或書中提過，她會直接告訴對方可參考哪些資料，而不是安排時間與他們會面。你或許覺得這招對你來說不管用，但這可未必。現代科技如此便利，任何人都能透過部落格貼文、專欄、影片或錄製 Podcast 來創造內容，回答你最常被問的問題。或者，如果你是專門解決某個問題的專家，也可以培養出另一個替代人選。重點在於，思考有哪些資源或路徑能讓對方獲得需要的資訊。

二、**結合聚會與現有行程**。很多時候，人們在主動聯繫時內心都沒有懷抱特定問題。與其花時間一對一與他人面談，朵利建議我們可以先想一想自己是否已安排好某些行程（例如慈善活動或同業聚會），或計畫從事哪些活動（像是上健身房）。或許你可以邀請與剛認識的聯絡人一起參與活動，在過程中順便建立人脈。我有時候會直接跟別人約健身後吃晚餐，反正我總得吃飯（不過我都會先說自己會以滿頭大汗的姿態現身）。

三、**籌劃團體聚會**。這是我最愛的朵利式人脈連結。我喜歡將朵利舉辦的餐會稱為「朵利的晚餐」。第一次受邀參加時我深感榮幸，但坦白講也有點困惑。她常常舉辦晚餐聚會，邀請新認識的朋友以及想保持連結的友人來參加。不過，她不會替所有人買單，而是選一家願意分別替每位客人結帳的餐廳，這樣大家就能在必要時先離席。朵利表示：「這樣就能隨興自在地認識新朋友，而大家也可以評估自己之後是否有意願深化這段人脈連結。此外，這頓餐會更能讓他們獲得更多價值，因為他們能跟我以外的新面孔碰面。」我也覺得這個方法很有效率。現在朵利會找人一起舉辦餐會，藉此擴展人脈網絡，我跟她最近就計畫要一起舉辦聚會。

在此，我們必須擺脫不切實際的思維。我可以體會你的心情，我辦公桌上也有一大疊名片。然而，既然不可能跟每個人聯繫或後續追蹤，那乾脆打消這個念頭。我就告訴自己**不必**對每個人進行後續追蹤，而是挑選想聯繫的對象。同時，稍微提升自己與他人聯絡的頻率，細心培養人脈網絡。有時候將主動權交給他人，被動等待對方聯絡也無妨。我無法主動跟每個遞名片給我的人聯絡，但如果你寫電郵給我，我肯定會回覆。重點在於，如果不確定自己是否辦得到，就不要把話說太滿。如果無法將說出口的話實際化為行動，信譽就會大打折扣。我們都很忙，有時根本沒時間建立或維繫新的人脈。但若運用上述策略，你就能全權掌控自己的行程，更能好好享受自己建立的人脈連結。

人脈王不會以恐懼或稀少為出發點來採取行動，他們秉持富足的信念，相信每個人都有機會；他們不吝表揚他人的功勞，也不覺得自己與他人處於競爭關係；他們堅信好事不會無故發生，得**採取行動**讓好事降臨。而富足，能帶來富足。

重點回顧

富足是人脈王的一大信念，包含：富足的機會、富足的工作，以及富足的人際關係。

承認恐懼。稀少會引發恐懼，這是可以理解的。為了克服稀少思維，我們必須先坦然面對內心恐懼，了解恐懼來源為何。

信任自己、相信自己的技能與價值，藉此建立內在自信並培養富足思維。不要拿自己跟別人比較，也不要因此自我批判。

讚揚他人。將聚光燈打在他人身上，光芒就會反射在你身上。請找出讚揚他人的機會。

練習感恩。將焦點擺在正向事物上，練習培養感恩的心。而鼓勵他人練習感恩，也能帶來富足思維。

受他人激勵與鼓舞。就算具備富足思維，我們偶爾還是會萌生嫉妒或羨慕之心。但請不要被這股情緒牽引而變得好強爭勝，而是將這股情緒轉化爲驅動自己的推力。

投資時間。對身為人脈王的你來說，最棒的事就是好好投資時間。找出一天或一週當中工作生產力較差、尚未善加運用的時段，將這段時間拿來建立人脈。

7 心態四：信任思維

「想知道自己能不能信任對方，最好的方法就是信任他們。」

——諾貝爾文學獎得主海明威

人脈連結的核心要素

信任是人脈王的核心精神，包含：信任自己的程度、信賴他人的傾向，以及取信於人的能力。不過信任究竟是什麼？根據《韋伯字典》（*Webster's Dictionary*）的定義，信任是「有把握地信賴某人事物之特質、能力、力量或事實。」另一項定義則說，信任是有自信地對某事物懷抱期望與希望。我喜歡第二個說法，正如希望是在毫無證據之下懷抱的信念或信賴。

我們都非常熟悉信任這個無形又難以定義的概念，每個人對信任的詮釋也有些許差異。對我來說，信任指的是相信一個人能夠完成任務，而在某些情境中，你也希望別人對你懷抱這樣的信心。信任感是屹立不搖、恆常一致的。為了了解信任感究竟是什麼，我也在訓練計畫中將這個問題拋給學員。在建立信任感的單元裡，我請學員寫下信任一詞的定義。我從旁聽到學員以名詞、動詞或形容詞的角度來探討「信任」，大家都認為要清楚定義這個詞實在不容易。最後學員提出他們討論的定案，而我每次收到的定義都**截然不同**。其中有兩個定義最令我印象深刻：

一、信任是對可預期性的期待。

二、信任是立基於必然性、可靠度以及一致性之上的情感或連結，能讓雙方建立緊密的聯繫。信任感的建立與毀滅沒有確切時程。信任感是流動的。

信任感是流動的，這個說法我喜歡。我認為信任也要視情況而定。我相信我們家的狗會在有人闖入時吠叫，但我**不**信任牠能在我未留意時不偷吃食物。在不同的情境之下面對不同的人，我們會具有程度與類型不一的信任感。

與他人進行人脈連結時，你與對方的關係，會因為你越了解他們和彼此的互動越有默契而更穩健深厚。相處一段時間後建立的信任感，能讓我們知道在工作、育兒或求職碰到瓶頸時，該尋求哪位友人的建議與回饋。因此，我們喜歡跟某個朋友去看特定電影，逛街時會找另一位朋友，談論工作時則會挑另一名友人。但如果不信任對方或彼此的關係，就不會在需要時向他們求援，而你也不會對他們敞開心胸。重點是，**沒有信任就沒有連結**。

信任自己為首要關鍵

自我信任其實就是自尊或內在自信。在我的研究調查中，人脈王的自我信任感明顯較高。我們都聽過：「相信直覺。」不過對那些憑事實和數據行事的人來說，信任直覺可能是件難以適應的事。此外，我們也必須在性格發展時期，盡可能不被同儕、父母或流行文化所影響，不讓這些因素左右我們對於對錯好壞的見解。我們這輩子花太多時間評估自己**該如何表現**、**該有哪些感受**，以及從他人的觀點來看**該做哪些決定**。所以，我們才會難以清楚劃分**自己的**意見與旁人的見解。

培養正向人脈連結有助於提升自我信任。然而，許多人都對身邊有害的人際關係渾然不覺，不知道這些關係不斷侵蝕自我信任。大學時我有個朋友，我需要協助時她都在，她也主動表示不管什麼忙都能幫。但我從來不曾向她開口。我實在不需要別人時時刻刻全力協助，所以我對她也沒這麼積極主動。但正因為我沒有主動開口，她就認為我是個不及格的朋友。那個時候我一直思考自己到底夠不夠格當她的好友，也很擔心她會對我產生負面評價。我每天戰戰兢兢，而這段友誼最後也劃下句點。記住：近朱者赤，近墨者黑，因此請減少生命中的負面人際關係，多跟極具韌性、心理素質強大的人相處。

除了清楚知道自己在做什麼之外，還要進一步意識到自己的思維與感受，才能增進自我信任。自我信任對職涯和工作來說都是不可或缺的成功關鍵。自我信任代表你能分享自身知識，讓他人有機會感受真實的你。相信自己時，你會傾聽內心的智慧之聲，不會貶低自己的知識與專長。透過練習，自我信任能成為一種有如肌肉記憶般的習慣。如果不信任自己，就不要期待別人會信任你。從自己開始吧！

思維任務

提升自我信任感練習

感恩日誌能增進富足思維，認可自身成就則能讓你鍛鍊出自我信任的肌肉。以下幾項問題能讓你更清楚意識自己的成就，喚起相關記憶與經驗。你可以每天從以下認可問題中挑幾項出來回答，不必每題都做。透過這項練習，將你對別人的同理心與共感放在自己身上，建立自我信任的習慣。

一、今天有哪件事做得很好？
二、我很自豪能＿＿＿＿＿＿。
三、今天我辦到＿＿＿＿＿＿。

四、我今天遇到＿＿＿＿，聊得非常開心愉快。
五、＿＿＿＿發生時，我順利克服難關。
六、在＿＿＿＿時，我真的很喜歡自己，覺得自己很棒。
七、我對＿＿＿＿（人或情況）具有正面影響力。

信任感四大要素

我之前談了很多，提到要更覺察別人對你的認知、建立個人品牌，以及清楚知道自己希望透過何種方式來為人所知。儘管別人對你的初步評價是一切的起點，不過這只是、**甚至最好**只是人際關係的起點。想建立深遠的連結，關鍵在於他人對你的長遠看法。只要他人相信自己認識的是真正的你，認為你不會辜負他們的期望，你的個人品牌就能永續發展。這也是別人在與你互動時，他們相信會得到的感受。人際關係的重點就在於信任，**信任感是人脈連結的基礎**。

如何在別人心中留下值得信任的印象呢？我在研究時找出信任感的四大要素，

分別是**真誠**、**脆弱**、**透明**與一**致性**，我將它們稱為信任要素。想讓身邊的人對你感到信任並維繫這股信任感，以上四大要素都極其重要、缺一不可。

一、真誠

我們在好感度的第一大法則中提到，**真實**的你是最棒的。話雖如此，我們還是能保有彈性，稍加調整態度與言談舉止，進而與他人建立人脈連結。這個概念是要我們**停止**依照他人的期望來行事。畢竟，所謂的「工作人格」根本不存在，唯一存在的是真實的你。你必須樂於分享自身資訊，因為如果你不展現真實的自我，就會喪失連結或信任的能力。而保持心胸開放與接納的人脈王思維能帶來真誠的互動，更是信任感的基礎。

二、脆弱

這個概念從前令我非常反感。到底有誰想要展現脆弱的一面？如果展露弱點，別人不就有機會傷害或利用我了嗎？大家會將我視為弱者。以上念頭我想大家都不陌生。沒錯，我懂。我也是花了很長一段時間才體會到，**展現脆弱不會使你成為弱者，反而能體現開放的胸懷**。這代表我們要自我揭露，承認自己的過失，並接納不完美的自己。展現脆弱的一面能提升你的信譽。仔細想想，你希望在工作上犯錯時，不斷被經理指責批評嗎？還是希望經理會花時間分享自己過去犯錯的經歷，跟你聊聊當時他如何走出低潮呢？讓別人看見真實的你，這就是揭露脆弱的一面。用自身經驗來輔導他人，讓別人有機會從你身上學習，同時建立信譽、連結與信任。

三、透明

商業字典（BusinessDictionary.com）將透明定義為：「不隱瞞任何安排或計畫，將合作、互助與共同決策必備的資訊全然公開。」想讓領導者跟員工建立信任，透明領導法則就是關鍵。若員工能掌握公司動態，清楚知道自己在公司的首要任務與核心目標中扮演什麼角色，他們就會更積極投入，對雇主也會更加信任。簡單來說，如果不提供資訊，別人就會用自己的詮釋來解答心中的疑惑。他們心中會出現一套自己的說法，但這套說法通常與你**期望**他們擁有的認知相左。就算你心中沒有確切答案，還是能公開所有細節與資訊。如此一來，對方會對你抱持信任，相信你一旦有答案就會讓他們知道。

四、一致性

一致性指的就是一個人的言行長期下來都不會自相矛盾。一致性是信任的基石。如果信任代表對可預期性的期待，一致性就是不可或缺的要素，畢竟這股期待與信念是透過經驗堆疊累積而成。話說回來，儘管上述所有面向都不可或缺，不過如果你言行不一致、無法持續遵從真誠、脆弱以及透明法則，那所有要素也只是淪為紙上談兵。記住：這四大要素並非一次性的操作，而是需不斷實踐的概念，這樣才能建立並維繫信任。

信任人脈學

根據我的調查，多數人對於爽快信任他人的概念持中立態度。的確，信任感需要努力爭取，也需要用心建立。跟非人脈王相比，人脈王信任他人的意願稍高一些（為一點四倍）。若想提升自己與他人建立並維繫信任的能力，就必須先分析在組織中，信任是如何被建立、破壞以及重建的。

建立信任

信任不只存在於兩個人之間，更存在於個人與公司之間。個人能在行為與互動中運用真誠、脆弱、透明與一致性等四大要素來建立信任。而建立信任的方法如下：實際履行承諾、不要要求別人做你自己也不想做的事、率先展現你希望別人能展現的行為、給予讚美、表揚貢獻、誠實待人、保持自信、分享資訊、給予他人力量與扶持，以及賦予他人行動的力量。

對於組織來說，建立信任的機制也與前述大同小異。想培養充滿信任的組織環境，組織文化中就必須包含以下要素：領導者定期且確實地與成員溝通、提供充足資源、分派合理的工作量、靈活的工作計畫安排，以維持生活工作平衡、制定實際可行的目標與期待，最後則是公允的獎勵。

員工在到職兩週內的感受，會決定他們的任職時長。從第一天開始，員工上任接手業務的狀況，會影響他們對組織的觀感。我們也都曉得第一印象成形後就很難改變。以我為例，我永遠也忘不了畢業後第一天上班的情形。我的第一間公司是已不復存在的安達信會計師事務所（Arthur Andersen），簽約時我們談妥主要工作內容，其中有三大項：替招募我的經理工作、負責接洽某座賭場客戶，以及從我畢業的大學招募人才。第一天收到工作日程表時，其中完全不包含這三大項。我詢問之後卻得到非常傲慢的回覆：「不是妳想要什麼，就能得到什麼。」用「理想破滅」這四個字來形容我當時的心情還稍嫌委婉。想都不必想，我對這間公司已不抱任何信任，後來也很快就離職。無論是與員工互動，還是構思公司政策，都應該將建立信任列為優先考量。

摧毀信任

我們不會一天到晚想著信任這件事，因此當我們破壞旁人對自己的信任時，未必會有所覺察。以下提出幾種明顯會摧毀信任的行為：刻意或時常非刻意說謊、違背承諾或諾言、不履行說出口的話、欺騙、逃避責任、竊取他人提出的想法、資訊或功勞，以及背叛他人。仔細回想曾經被他人背叛的情境，你肯定還能在這串清單中加入其他項目。

在執行訓練計畫時，我提出這個問題：「在組織中，什麼行為會破壞信任？」有人冷冷地說：「暗中監視、偵查。」我用狐疑的神情看著她，還脫口而出：「暗中監視跟偵查？什麼意思？」我心想：「應該不會真的發生這種事吧？」她說：「妳難道沒聽過……『代替我觀察那個人的一舉一動』。」突然間我就懂了。這句話其實很常見，但這不代表該行為是對的。有時我們以為某些行為在商業世界中稀鬆平常，但這些舉止其實都在侵蝕他人對我們的信任。

其實還有一堆看似無害的行為也會破壞信任，像是壟斷或私藏資訊、散播八卦、不尊重他人以及不為他人設想、否決對他人而言相當重要的事物、保有祕密、善意的謊言、掩飾錯誤、微觀管理、散播錯綜複雜的訊息、否決他人的提議、因為疏忽而洩露私人資訊。你是否也曾在寄送電郵時，不小心透露別人的資訊呢？有一次我就在轉寄信件時，不小心把私下跟別人討論健康狀況的信轉發出去，當時我覺得超丟臉的。就在我把郵件轉發到另一個更大的群組時，已經忘記之前的通信紀錄中有這封私人訊息了。我一再道歉，後來這件事也就落幕了。不管是有意還是無意，我終究造成這項疏失，而我與對方建立的信任也受到傷害。

保持警覺，留意他人的行為會如何影響你對他的信任。檢視自己是否隱約之中也有類似會損及信任的行為，並加以修正調整。

重建信任

重建信任雖然不容易，但並非不可能。假如不試著修補信任，信任永遠也回不來。畢竟，信任不會平白無故自我修復，只有在雙方都有意願的情況下才有復原的可能。而重建信任的第一步是道歉，並替自己的行為承擔責任。同時，清楚表露自己重建信任的渴望，承認過失，解釋你已經知道為什麼這個行為不恰當。這些做法都有助於修補信任感。

但要注意的是，把問題拋給受到傷害的一方，問他們：「我該如何補償或改進？」這個做法不太理想，彷彿是將找出解答的責任丟給對方。你應該自己想出解決辦法，再告訴對方你會如何調整行為，解釋你從這起事件學到哪些經驗，以及計畫如何避免類似狀況再度發生。想好自己能付出哪些努力之後，再詢問對方：「還有哪些事是你希望我做的嗎？」制定完善的計畫，讓自己對調整過程負責。如果答應會辦到，就一定要堅持到底，而不是三分鐘熱度。在別人不信任你的狀態下，要全力執行計畫確實不容易。但別忘了，信任不會因為單一正確行為就全然回復。相反地，持續展現新的思維與行動才能重建信任。

在重建信任的過程中，對方有可能會以情緒化或憤怒的方式來回應。這時請讓對方盡情宣洩情緒，抒發對你的過錯或疏失的不滿及憤怒。但你不需要自我防衛或辯解，專注傾聽即可。在重建信任的過程中，你也必須原諒自己，放下愧疚與罪惡感，坦率邁步前進。不要放棄重建信任的渴望，但也不要期望情況會在一夜之間有所好轉。畢竟，所有值得去做的事都得花時間等待成效。

人人都能養成信任思維

我爸是個沒有大學學歷，自己白手起家的男人。因為童年過得非常窮困拮据，他總是要我想一想別人可能會如何利用我，進一步提前避免。或許是早年經歷所致，這就是他觀看世界的方式。他早期在中古車行上班，車行老闆曾教他如何在輪胎上挖出波紋，後來我爸才知道這是為了讓輪胎看起來更新，好跟他們往回倒轉的里程數相吻合。後來我去買車時，他都會再三叮嚀我要檢查里程數的正確度、機油量，還有自動變速箱的油顏色對不對。他深知被詐騙的機率不低，所以會盡可能防範。

相較之下，我媽就一直告訴我要相信別人，除非對方有讓你不值得信任的理由。我承接了我母親的思維，比較喜歡以他人值得信賴的心態來與人互動。這絕對不是天性而是後天的選擇。先對他人展現信任與信心，就能獲得他人信賴而從中獲益。在職場上，我必須信任別人不會偷走我的客戶。但我要怎麼確認這種事不會發生？當然沒辦法啊！我只能信任自己介紹給客戶的人。雖然我爸要我對事事抱持懷疑、保持戒備，但我選擇信任，寧願將人際關係擺在第一位。

我也不是要鼓勵大家盲目信任他人。你可以只在某件事上信任他人，不必在所有情況下都予以信賴。換句話說，你可以選擇性信任他人。或許你相信同事能如期完成工作，但不相信他們能保守祕密，因為他們喜歡聊八卦。你能根據直覺以及本能，來決定手上的人選中，誰做哪件事是值得信任的。

不過研究結果顯示，即便不是生來就傾向信任他人，你還是能夠成為人脈王。雖然人脈王天生就較容易展露信任，但人脈王與非人脈王的差異並不懸殊。就算你覺得自己生來不具備信任他人的性格，還是能夠採納信任思維。而且，信任思維所體現的言行舉止，都能透過後天學習來養成。

即便不願付出信任這項關鍵要素，還是能結識泛泛之交。但想擁有穩健的人脈連結，信任就不可或缺。另一方面，也要留意並避免會破壞旁人對你的信任的行為。記住：率先展現信任，才能獲得他人的信賴。比方說，讓同事與員工知道你相信他們。當你賦予他們力量，他們就會同樣對你投以信任。

重點回顧

信任是人脈王的核心價值，信任代表相信自己的程度、信賴他人的傾向，以及取信於人的能力。

信任是對可預期性的期望。

信任感四大要素：

一、**真誠**：你必須願意透露自己的資訊。如果不展現真實的自己，就無法建立人脈或獲得信任。

二、**脆弱**：脆弱指的是自我揭露、承認自身過錯，並坦然接受自己並不完美的事實。展現脆弱就能提升你的信譽。

三、**透明**：就算你不清楚未來的發展，還是能隨時跟大家更新、報告現況，這樣他們就會對你抱持信任，相信你會在找到方向時讓大家知道。

四、一**致性**：長期言行一致。一致性是信任的基石。

重建信任。在日常生活中，我們透過各種行為來建立信任，但也會因為某些舉動而破壞信任。請花時間來重建遭到破壞的信任感。而重建的第一步是道歉並承擔責任。同時，承認自身行為對信任感的負面影響，並制定行動計畫，替來日的信任感打下基礎。

8 心態五：樂於社交、富有好奇心

「與其花兩年時間試著讓他人對自己感興趣，真心誠意展現了解他人的渴望，就能在兩個月內交到更多朋友。換言之，把自己當成對方的朋友，這就是交朋友的方法。」

——美國知名人際關係學大師卡內基

人人都是社交動物

社交就是尋求他人陪伴並樂在其中。從定義上來看，社交並不是指當一隻社交蝴蝶，或是過著五光十色的派對生活。從我的調查結果看來，對人脈王來說，派對或交際應酬根本不是重點。此外，喜歡社交不代表得樂於與一大堆人相處，而是指喜歡身在群體之中，與群體中的人互動。大家都是社交動物，但這不代表我們永遠對人際互動樂此不疲。就算性格外向活潑，偶爾也會對社交感到倦怠。

雖然我們常以**內向**（社交時會感到疲倦，獨處時充滿活力）或**外向**（與人共處時活力充沛）來分類，但多數人其實是「**中向性格**」者（ambivert，有時也稱內外兼向者〔omnivert〕）。中向性格者指的可能是偶爾能享受社交的內向性格者，或是社交後需要時間獨處的外向性格者。不管你認為自己屬於哪個類別，身為社交動物的你，建立人脈的能力與效能都不受影響。我希望大家都能以對**你**來說最自在的方式社交。當你能真誠展現自我，就更容易締結人脈。我的調查結果顯示，九四%的人脈王都強烈認同自己在與他人溝通時，言行舉止符合自己真實的性格。人脈王並不內向，但也不全然外向，他們兩者皆是。身為社交動物的我們都有建立人脈連結的需求。而且，與他人建立連結的方式操之在己，沒有所謂「唯一」或「正確」的方法。

找出自己的社交配方

你聽了可能會很震驚，但其實不是每個人都愛商業社交或聯誼活動，也不是所有人都喜歡在開胃菜桌旁閒晃，等著跟陌生人開啟對話。就連個性外向的我，有時候也覺得這種場合非常累人。我必須調整心態、做好心理準備並拿出飽滿的活力走進那令人畏縮的社交空間。我的調查結果指出，人脈王不一定要以傳統或非常外向的方式來社交，看到這裡大家應該都鬆一口氣了。這個道理就跟「尋找志同道合的朋友」相似，只不過在這裡我會說：「**找出你的社交配方**。」就連個性最外放活潑的人，都有可能在社交場合感到侷促不安，甚至在虛擬世界裡偶爾也會沒安全感，因為丟出去的話不一定會得到回音。因此在社交時，更重要的是找出適合自己的方法。

在大幅仰賴科技的現代社會中，我們有更多社交管道。因此即便不踏出溫暖舒適的家，還是能跟他人或群體互動。而社交互動的機制分為三大類：虛擬、團體以及一對一。你可以從這三大類出發，並進一步細修，調配出最適合自己的社交配方。每個人的社交方式可能都截然不同。如果你不喜歡處在人群中，就不要一直參加大型活動。不過我還是鼓勵你可以偶爾參加。找出適合自己的方法固然重要，但也別忘了要適時跨出舒適圈。藉此強化自己運用其他社交管道的能力，並透過練習讓自己感到自在，在不得不面對大型社交場合時提振信心。

團體社交

對最外向、擅長社交的人來說，團體社交的難度還是相當高。不過在放棄團體活動這個選項之前，我想先點出其中幾項優點讓大家參考：

- 你能選擇具有相同興趣、職業、工作職能或產業的團體。在雙方具有共同點的前提之下，便更容易展開有趣的對談。
- 由於能同時跟許多人碰面，因此更有可能找到與你談得來、能相互連結的人。
- 除了活動機會豐富，還能以風險較低的方式來強化人脈連結技巧。

內向性格者或許可以用另一種方式來參加商業社交活動，例如提早抵達會場，因為那個時候大家都還在尋找聊天的對象。你也可以幫自己分配特定角色，如志願幫忙布置桌子或當活動招待，這樣就更有理由與他人展開對談。請參考表8.1，注意在團體社交中該做與不該做的事。

【表8.1】團體社交之準則與禁忌

準則	禁忌
微笑	不要自我孤立，避免顯露出抗拒他人的肢體語言
眼神接觸	盯著手機看
抬頭挺胸，保持肢體開放，不要畏縮駝背	雙手緊緊抱胸
讓別人加入你的團體對話	使他人難以加入你的團體
向新成員自我介紹	忽視團體中的新成員
與落單的人接觸	害怕與他人接觸，也不敢邀請人加入團體

虛擬連結

建立人脈與促進連結的方法千百種，就算不踏出住家或辦公室也不是問題。比方說，人們能透過社群媒體、視訊或網路社群等管道建立關係（我會在第三部分深入介紹其中幾項選擇）。我能給你的最佳建議是，如果想建立連結，就不能只是註冊會員，更要積極參與。然而，使用社群媒體有時令人感到喘不過氣，更會占用寶貴的時間。因此請想一想，你想建立的人脈活躍於哪個社群平台呢？你可以考慮加入專業人士社群，或是成員具有相同興趣的平台。而且不要害怕，勇敢打開視訊鏡頭。如果想在短時間內建立穩健的連結，那麼露出臉、搭配聲音，加上清楚的肢體語言，絕對比單靠聲音訊息或是純文字簡訊還有效。

一對一互動

無論是視訊還是面對面，務必記得，人脈建立在一對一的情況下。然而不一定要是商務洽公或特別喬時間與人碰面，才能有面對面互動的機會。其實跨出職場，你更能自在發揮社交能力。人脈連結有時就發生在最意想不到的地方，例如在寵物公園、排隊等廁所時，或是在運動賽事的帳篷底下。去年在我兒子的校外教學活動中，有位媽媽就跟我說她在女性組織中任職，想討論看看能不能邀我去演講。我們一起陪著小孩子外出郊遊，就這樣自然而然談成一筆生意。重點在於，不要過度施壓，人脈連結才會形成。而長遠的連結更是每天都有可能發生，例如在禱告的場域、打麻將或撲克牌桌上、讀書或打毛線俱樂部、慢跑團，或慈善活動等，我們的目標是找出最適合自己的社交管道並定期參加。

有時候重新與舊時的友人聯絡，讓友情復甦，也能締造相當強大的連結。如果你們共有的回憶是愉快的，連結就能更深厚穩健。我在前面段落提到，我姊幫忙介紹國家廣播公司數位出版部的總監給我認識，她跟那位總監曾在國中交往過一段時間。我跟總監初次碰面時，就順便帶了一張他國一時的照片。照片裡的他穿著黃色的棒球衣，下擺還塞進灰色的高腰運動褲裡！（他當年應該以為自己活在七〇年代吧！）運用彼此共有的回憶，就能讓當前連結順利發展。

締結人脈的五大管道

自主發起活動

我每天都會收到海量的電郵，也常不假思索地刪除校友會或商業社交團體的信。你或許會問，為什麼不乾脆退出收信清單呢？那是因為我偶爾還是會看到一些想參加的活動，而且有時候就算不出席，我也會把消息跟朋友分享。

最近我對校友會舉辦的第六屆滑雪之旅很感興趣。名叫弗雷的男子是主辦人，但我想不通自己為什麼到第六年才得知這個活動。我幫全家人報名，那場活動辦得非常棒，各個年齡層的校友都來參加，但我注意到弗雷根本沒跟大家一起滑雪。在好奇心驅動下，我問他為什麼要舉辦一場自己沒興趣的活動。他當下的回答是：「我很喜歡辦熱鬧有趣的活動。」後來他才跟我分享，當年舉辦活動的初衷是想替母校的校友創造一個社群。後來即便有了可聯繫的校友網絡，但因為心中掛念著維繫校友情感，他仍然定期舉辦活動。

弗雷跟參與活動的每個人都建立起人際關係。大家之所以每年都來參加，就是因為主辦人是弗雷。我問他是否曾跟在場的任何人做過生意。他說：「當然有，但這不是我辦活動的目的。」他說：「如果只想著談生意，最後只會希望落空。」不過在旅程中，生意機會似乎自然就浮現了。

弗雷的週末滑雪之旅就是發起活動的絕佳範例。雖然他的初衷是替母校的校友建立社群網絡，但後來其他幾間學校的校友也前來參與。假如與他人具有共同好友、共屬某個社群或共享某些經歷，就能透過這些既存的聯繫更迅速建立連結。世界上有許多種活動，規模或大或小，如果找不到想加入的，不如自己親自發起吧！

打造專屬社群

若社群中的成員秉持相同信念、具有同樣的目標與興趣，大家就會覺得彼此有夥伴情誼。你想要跟誰一起成為社群夥伴呢？創造新社群的方法有許多種，你可以打造實體社群、線上社群，或是結合這兩種型態。在以下舉出的範例中，各創辦者便依照自己的喜好創造專屬社群。或許其中某些社群正好符合你的條件，正等著你加入呢！

- 40以下社群網絡（Network Under 40）：達拉·布魯斯坦（Darrah Brustein）的朋友問她：「妳覺得大學畢業後，該去哪裡認識新朋友？」達拉實在想不出任何適合大學畢業生交朋友的機會，因此打造出這個點對點的環境，讓成員先建立人際關係，接著再來談生意。「40以下社群網絡」在二〇一一年成立於亞特蘭大，目前在美國六座城市中已有三萬多位年輕的專業人士會員，版圖持續擴張中。
- 常春藤（Ivy）：貝瑞·莫瑞克（Beri Meric）從哈佛商學院畢業後，很懷念以前跟志同道合的朋友相處時的歸屬感。為了找回這種感覺，他成立「常春藤」這家社會大學（Social University），目的是在全球各大城市打造以大學學院為概念的社群。
- 實習女王（Intern Queen）：只要當過實習生就知道，擔任公司最基層的員工是件很辛苦的事。蘿倫·伯格（Lauren Berger）在二〇〇九年成立實習女王這個網站，希望能讓傑出的實習應徵者找到夢寐以求的職位。成效如何呢？她打造出一個基地，集結一群優秀的大學畢業生，這些年輕人就是她未來的客戶會想招攬的人才。原本旨在讓成員受惠的社群，最後蛻變為能帶來豐富收益的事業。

- 青年創業家協會（YEC，Young Entrepreneur Council）：史考特・蓋伯（Scott Gerber）曾發願如果哪天功成名就，絕不會讓其他年輕創業家孤軍奮戰，或是因缺乏適當的資源而苦苦掙扎。他跟共同創辦人雷恩・鮑赫（Ryan Paugh）成立青年創業家協會，讓堅信提拔他人與自我成就並不衝突的青年創業家，能夠獲得更多力量。
- 女朋友俱樂部（GirlFriend Circles）：這個線上社群是由沙斯塔・尼爾森（Shasta Nelson）創辦，身為友誼專家的她曾出版《親密友誼》（*Frientimacy: How to Deepen Friendships for Lifelong Health and Happiness*）這本書。女朋友俱樂部是個令人安心、振奮人心的場域，女性可以在上面尋求建議、跟鄰近地區想認識新朋友的女性碰面，或是分享經驗、吸收各種研究資訊，了解如何建立更優質美好的人際關係。

舉辦小型活動

或許建立社群對你來說太具挑戰性，也不是你現階段想背負的重責。那不妨先小試身手，替人脈網絡舉辦小活動，無論是年度節慶派對，還是每個月跟同一群朋友共進晚餐都行。除了舉辦一次性的活動，也可以選擇籌劃定期聚會。不過不用擔心活動成本，只要精心規劃，舉辦活動不一定要花錢，讓參與成員各自付費也是個好辦法。

從小活動辦起，搞不好這些活動以後會發展成大型社群。這就是蕾貝卡的親身經歷。我在本書第一章就提過蕾貝卡了，她在舊金山灣區舉辦名為「12@12」的邀請制午餐聚會，與會者為十二位經過篩選的女性。蕾貝卡堅信只要讓對的女性聚在一起，就能激盪出不可思議的力量，因此打造這個空間讓連結成真。

加入志同道合的團體

如果不想動手打造專屬社群或舉辦活動，就找個適合群體加入。你家附近少說也有數百個團體或社群。以我為例，在我剛搬到郊區時，我就加入一個媽媽專屬的線上社群，之後更發現原來住家當地，就有一個會定期聚會的媽咪事業組織。而當我在個人生活與專業上的需求有所改變時，我也會改換自己所屬的團體。我非常喜歡 Nextdoor（詳見 Nextdoor.com）這個私人社交平台，你能透過它追蹤居住社區的最新消息。居民不僅能在上面推薦醫生或水電工，更能張貼活動消息、直接傳送訊息，或跟當地或鄰近社區住戶進行交易。

除了加入日常生活社群之外，專業社群也不容忽略。我就加入了全國專業講師協會（National Speakers Association）的地區分會，不僅認識許多朋友、顧問，同時也結交不少策略夥伴。而我目前最推薦的組織是女作家協會（Authoress），這是由丹妮絲・布羅索（Denise Brosseau）和莎拉・格蘭傑（Sarah Granger）成立的線上女性作家社群。我在這本書中多次提及這個協會，因為許多會員也不遺餘力地貢獻專長，幫忙介紹彼此的作品。莎拉表示：「出書實在不容易，分享有趣的點子就像一趟旅程。這個社群不僅像個警告信號，更是資源提供者，也是讓人安心對話的場域。組織已經成為能強化力量的平台了。」

丹妮絲同時也是女性創業論壇（Forum for Women Entrepreneurs）的創辦人。莎拉在這個論壇中認識丹妮絲後，主動透過丹妮絲的網站跟她聯絡。丹妮絲多年來連續成立了數個社群，同時也是許多組織的成員，她相信社群的力量能夠改變世界。她們一起成立女作家協會，邀請住在舊金山灣區、曾出版書籍的女作家參與，並透過 Google Group 群組相互連結。如今，這個協會在全美已有超過兩百二十名會員，更有幾位國際成員。而要加入這個協會，必須透過現有會員邀請。

團體可以是全然對外開放的，當然也可以採邀請制、付費制，或是要求想加入的民眾提交申請表。比方說，BNI就是需要申請並付費的正式商業社交團體。他們的任務是透過結構完善、正向以及專業的推薦行銷計畫，讓會員與傑出的商務專業人士建立長遠、有益的人際關係，藉此推動業務、提升業績。

我一直都知道BNI這個組織，之前也曾受邀擔任研討會來賓。但當時因為孩子年紀還小，我無法配合研討會的時間，也沒辦法投入這麼多心力，所以我並未答應邀約。直到我最近參加一場他們的活動，才發現這個組織不容錯過，到處找人幫我取得入會許可。身為超級連結者的我，碰到了什麼好事呢？有次我和一位

Podcast主持人對談，我聊到自己很想加入BNI，他就叫我跟BNI的創辦人伊凡・米斯納聯絡，並報上他的名字。結果，伊凡不僅回覆我的入會申請以及採訪詢問，更替這本書寫了推薦序！伊凡果然深知也重視人脈連結的效應。

真心投入志工服務

志願服務有時候能帶來最穩固，也最令人意外的人脈連結。我在第五章提到，自己曾志願協辦動物援救活動。因為那場活動，我也找到人生第一位客戶摩根大通。而第一章提到的克莉絲頓（女性資訊管理協會〔Society for Information Management，SIM Women〕創辦人，該協會讓女性首席資訊長與她們的直屬下屬能夠相互交流與社交）則稱我的案例為透過慈善來建立人脈。克莉絲頓說：「當妳願意為真心堅持的理念付出寶貴的時間時，妳就不是在推銷自己，而是為了更大的善而採取行動。只要親自現身參與，就能跟頂著各種頭銜、擔任不同職位或來自各家公司的人締造真正的連結。」

在慈善場合中，我們也能更快建立信任。這點並不令人意外，畢竟我們知道會出席的人都是真心想做好事。由於大家有共同的價值觀與興趣，因此也更容易對彼此產生信任。「必須把志願服務擺第一，人脈連結擺第二。」克莉絲頓提到：「銷售人員加入慈善組織的原因，可能是因為有某位知名執行長擔任組織委員。他的目的或許是找機會在募款活動中露面，跟那位執行長推銷業務。但這種膚淺、表面的互動並不會帶來任何效益。」克莉絲頓建議大家持續志願參加真心在乎的非營利活動，來貢獻一己之力。

艾瑞克．葛罕（Eric Gorham）與友人共同創辦創新大道聯盟（Gateway to Innovation Conference）時，就秉持著這種信念。他希望能藉由這個組織，來改善密蘇里州聖路易（St. Louis）的學校。這個組織會資助學校科技設備，提供科際整合教育研究計畫（STEM program）經費，並照顧孩童的需求。參與者與贊助人都積極參與活動，投入時間與資源，更動用自己的人脈網絡，因為他們都希望能持續改善並強化在地社群。「我在商業領域建立的人脈網絡非常龐大。」艾瑞克說道。他不僅雇用參與志願服務的組織成員，也將這些成員推薦給尋覓人才的業主。艾瑞克坦承：「這個聯盟替我帶來許多機會。」當聖路易政府機構的伺服器遭到阻斷服務攻擊時，艾瑞克也打電話請兩間大公司的首席資訊長來解決問題。這些效益都是來自擔任志工時結識的人脈。當你真心誠意投入某個組織，為你打從心底在乎的議題付出心力，就能跟其他擔任志工的夥伴建立穩固且長遠的關係。

內向者的優勢

當我跟所有朋友聯繫，請他們提供人脈王的真實案例時，有位多年好友莉莉寫信推薦欣迪。莉莉在信中寫道：「欣迪真的是個很棒的人，她能跟每個跟她聯絡的人建立美好的人際關係。她也很願意付出，總是尋找各種方式，與生活中或職場上的人建立人脈。我超欣賞她的。」

欣迪隔了一段時間才回覆我的介紹信，她說：「我一時想不通為什麼這麼多人都覺得我是人脈王。」莉莉告訴我欣迪會將自己描述為「內向性格者，同時也是非常棒的傾聽者。」讀到這段話我立刻懂了，因為傾聽正是尋找機會與共通點的關鍵。

而我最有共鳴的是欣迪在信裡寫道：「我通常不會為了個人利益來建立人脈，而只是覺得找到了適合做某件事的人。」

「欣迪，這就對了。」我在回信時這麼寫：「這就是人脈王思維。」我們在信中交換許多想法，後來我才發現她以為人脈王的先決條件，是個性要非常外向活潑。我替她破除這項迷思，也希望能讓同樣抱持這種想法的讀者改觀。

我認識的幾位優秀人脈王都很內向，共同成立女作家協會的莎拉就是其中一例。雖然我從未跟莎拉碰過面，但光是靠虛擬形式，我就因為她認識了許多人。莎拉是位作家、講者，也自稱是位內向性格者。她說：「小時候社交會讓我很尷尬。跟別人相比，我很難輕鬆跟別人展開話題。到了高中，我就覺得在網路上交朋友或聊天比較自在。」如今她仍戲稱自己是個害羞的人，但已經不會對社交活動感到恐懼。雖然她也會出席活動，但還是更擅長透過網路進行連結。她表示：「我很善於找出具有相同興趣的人，因此能邀他們線上合作。」我也會在第十一章介紹她提出的數位連結準則與禁忌。

馬修·波勒（Matthew Pollard）是 Podcast《內向者的優勢》（*The Introvert's*

Edge）的主持人，這個段落的標題也是受他所啟發。馬修認為「內向性格是值得接納的人格特質，我們不用擺脫或改變這項特質。內向者完全不輸外向活潑的人，他們也具備各種必要的才華與能力，能夠好好地推銷自己、建立人脈。因此，內向者需要一套能強化天生技能的系統與策略，並轉換該技能為實際的商業效益。」

馬修也在節目中訪問另一位 Podcast 主持人，也就是《終成巨富》（*Eventual Millionaire*）的潔米．馬斯特（Jaime Masters）。現為講者與 Podcast 主持人的潔米，通常會被視為外向性格者，但她其實具有非常強烈的內向特質，也就是跟陌生人交談時她會緊張到滿臉漲紅。創業時，她知道必須克服這點才有可能成功。起初，她還需要顧問推她一把，但長期累積經驗後，她已經發展出一套建立人脈的專屬手法和思維。

「我學到的一項策略是，讓**對方**感到自在愉快。」她這麼說。她會帶人參加活動，藉此介紹自己的人脈。另外，她也分享另一項頗具爭議的策略：「我會擁抱對方。有許多方式能讓對方產生連結感，擁抱就是其中一項。」擁抱這個方法確實有一定風險。女性互相擁抱比較沒什麼，對男性而言就不是如此。因此務必運用判斷力，像有時碰手臂會比摸背更合宜。然而，稍微碰一下肢體即可，切勿一直將手放在對方身上，這不僅會使氣氛變得尷尬，更容易造成對方的誤會。

潔米將尋找共通點的概念稱為「連結之線」，她相信只要能拉起更多連結之線，就更有可能與對方建立關係。潔米解釋：「我會在一開始就跟對方說：『我想當你朋友。』」實不相瞞，我跟想認識的人碰面時也講過這句話。雖然她的小撇步聽起來有點極端，但這在她身上真的奏效了。現在大家都認為潔米是個人脈網絡專家。她表示：「我會臉紅這點還是沒變。但我已經不像以前那樣那麼容易緊張，也坦然接受會臉紅這件事，甚至還能拿來自嘲。」

我再說一次：**人脈王不一定要個性外向！**許多內向性格者都是了不起的人脈王，他們都有自己建立人脈的方法。他們會運用與生俱來的傾聽技巧，讓人覺得自己的聲音被聽見了，同時能專注在交談的對象身上。這些天生的內向特質，對建立人脈來說都是無比強大的優勢。

自在社交的七大訣竅

大家常透過商業社交活動來建立人脈，但這同時也是令人恐懼的場合。對最得心應手的社交高手來說，這種環境有時還是會令人膽怯。所以我向好朋友蘇珊・蘿安（Susan RoAne）討教，請她提供幾個讓大家能自在應付社交場合的訣竅。蘇珊是暢銷書《個人公關》（*How to Work a Room*）的作者，如果想進一步了解她的專長，還可參考她合著的《公關高手》（*The Secrets of Savvy Networking; What Do I Say Next?*）與《造訪幸運》（*How to Create Your Own Luck*）等書。

- **調整態度**：蘇珊認為「在參加活動之前，必須檢視自己的態度與能量。如果決定出席，就要展現正向、熱情以及愉悅的態度！當你樂在其中時，別人就會感受到你的魅力。」而在檢視自我心態的同時，也可以再次思索參加活動的動機。她特別提醒：「不要懷抱任何企圖。如果你心懷特定意圖，大家都看得出來。接受目標的指引，但不要被目標所蒙蔽。」我常說，如果覺得自己能量不對那乾脆回家。你大可放棄這次活動機會，參加下一場就好。但不要太常退縮，偶爾還是要跨出舒適圈。

- **替談話做準備**：如果不知道該如何開啟話題，不曉得該聊些什麼，蘇珊建議「可以查一下所屬職業、城市、州，或全世界的最新動態。準備三到五個話題，讓你有機會能插話、開啟話題或參與討論。」比起事實，大家對故事更容易產生共鳴，所以她建議「可以讀一讀商業或運動版面、貿易雜誌、電影雜誌或你感興趣的主題刊物，聊天時就不怕沒題材。」這些故事是對談時不可或缺的逸聞趣事。我建議大家要真的對談話主題有興趣，讓發自內心的興趣帶動對話，而不是逼自己硬聊。

- **主動介紹**：蘇珊認為名牌「不僅能夠提供資訊，也是對話的開頭。」將名牌別在右側，對方跟你握手時目光自然會落在名牌上。握手時，蘇珊建議：「自我介紹，並念出對方的名字。」如果你跟對方已經碰過面，可以再自我介紹一次，他人通常都會友善回應。她就是利用這個小技巧，來化解大家忘記彼此姓名的尷尬場面。如果想讓對方先自我介紹，可以運用眼神接觸並面帶微笑。這樣就像在邀請對方，同時展現親和力。你肯定希望讓跟你對談的人感到輕鬆自在。

- **拯救落單者**：我將這種人稱為孤獨的一匹狼。蘇珊則說這些人是指節發白的飲酒者。社交場合中通常都會有落單者，他們看起來相當不自在。她說這些人「為了讓自己有安全感而緊抓酒杯，抓到指關節都發白了。所以去找那些落單的人聊天，他們絕對會很開心的。」去找他們說話吧！
- **與朋友共同出席**：蘇珊建議可以找個不是競爭對手的朋友一起出席，這樣就能互相推薦彼此：「找個熱情程度跟你不相上下的夥伴一起出席，讓他在活動中替你做介紹。」關於這點其他專家持不同意見。《絕對達成！業務之神的安靜成交術》（*The Introvert's Edge: How the Quiet and Shy Can Outsell Anyone*）作者馬修．波勒建議要獨自出席，才不會依賴他人替你做介紹。BNI的創辦人伊凡．米斯納，則在馬修的 Podcast《內向者的優勢》中指出，如果你是內向的人，可以找個能整晚替你介紹的外向性格者一起出席。只要稍微注意這兩種方法各自的缺點，不管怎麼做我想都是行得通的。
- **優雅抽身**：蘇珊說知道何時該結束對話很重要，這點我完全認同。別忘了《人脈，從建立好感開始》第八章提到的情緒記憶法則。你絕對不希望因為沒有好好結束對談，而破壞對方對整段互動的印象。結束對話後，蘇珊建議「離開剛才聊天的對象身邊，距離至少整個空間寬度的四分之一。結束對話之後，沒有道理繼續留在對方身邊。」

- **後續追蹤**：這點雖然不難懂，但我們時常只讓對話成為單一互動，沒有後續追蹤。我們的目標是以對談為基礎，建立人脈連結。因此，請好好想一想，該如何進行下一次的聯絡。蘇珊的方法是「設計一套系統，來整理、歸類網路上與真實生活中的後續追蹤流程。」我桌上堆了一大疊名片，但坦白說我根本無暇跟每個人聯絡。這個時候排定優先順序就很重要。我的方法是：如果我有在名片上留下註記，我就會跟這個人聯絡。重點在於，設計簡單、不複雜的流程，讓連結持續發展。

展現社交力的關鍵：好奇心

好奇心是社交的基礎，好奇心能帶來人脈連結，人脈王基本上都充滿好奇。他們喜歡與人互動，因為他們生來就對世界與周遭群眾感到好奇。對他們來說，「渴望了解他人」就是對話的燃料，更是展現社交力的關鍵。

如果想激發好奇心，不要去想「該說什麼？」而是「該問什麼？」問句能促進對話，對方的回答則能讓我們找出彼此的共通點，像是共同興趣、價值觀、共同好友，以及共享的經驗和動機等。真心傾聽他人的回答，從中找出彼此的關聯，並運用相似法則，就能加速人脈的建立。

對話時，人脈王會交互使用**擁護**與**詢問**兩種手法。擁護指的是闡述自己的見解，而詢問則是拋出問題。運用擁護手法時，說話的角色落在你身上，你要讓自己的聲音被聽見。擁護的過程中，你會說故事、分享看法、溝通理念，或是支持自己的渴望與信念。擁護的目的是，你希望被他人理解。詢問則是反過來理解他人的想法與概念。善於詢問的人脈王會從對方的字句中聽出言外之意，並藉由發問來理解對方表達的訊息以及行動背後的真正動機。

詢問是理解他人與建立人脈的基礎。如果能發揮詢問的效用，就能找出增加價值的方式。一般來說，人脈王聽到別人正在分享自己的計畫時，會有所覺察並開始思考。他們會透過傾聽來釐清他人需要什麼、想跟誰碰面，以及自己能提供哪些協助。他們透過傾聽來學習、連結，並找出能夠協助的機會。詢問能讓你知道 WIIFT（對他們有何好處），而詢問也是說服他人的關鍵利器。反之，擁護則能帶出 WIIFM（對我有何好處），同時也是達成目標的必經之途。

我常說，最能讓你滿足渴望的方法，是了解為何他人也會希望你能達成目標。如果能專注詢問，運用與生俱來的好奇心來了解他人在乎的事物，就能協助他人達成目標，進而擁護自己的理念。人人都有詢問的精神，請運用這份精神來展現好奇心，激發天生想了解或學習新事物的渴望。

開創有效人脈的五個策略

去年十月我在 LinkedIn 上接到一則通知，同樣來自女作家協會的好友瑪麗亞·羅絲（Maria Ross），在一則貼文中提到我。我追溯這串貼文的源頭，查到原來是詹姆斯·卡貝瑞（James Carbary）所發布的貼文。詹姆斯除了是 Podcast《企業對企業成長》（*B2B Growth*）的主持人，也是《赫芬頓郵報》（*Huffington*

Post）的專欄作家。原來是有人出面指出，詹姆斯在推薦清單貼文中列出的女性數量太少。所謂的清單貼文我想大家都曉得：撰文者會在貼文中，列出某領域的頂尖人才，或熟悉某個主題的專家清單。

為了回應這項訴求，詹姆斯建立一份追蹤清單，裡頭列出各大創作或發布原創內容的人士。同時他也請大家推薦可列在清單的女性創作者。（謝囉，瑪麗亞！）身為人脈王的我立刻透過 LinkedIn 傳訊息給詹姆斯，後來我們又用電話聯絡。我在電話中向他討教，請他分享自己是透過哪些獨一無二的方式，指導民眾和特定對象建立人際關係。

詹姆斯的故事吸引了我的注意。他的客戶來源包含體育部主任（athletic director）❶，為了跟這些買家建立關係，他設計一項獎學金制度。參加詹姆斯的人格養成計畫的運動員，都能加入他舉辦的獎學金競賽。他會發電子郵件給德州每

❶【譯注】體育部主任指的是在大學、高中或國中小學中，運動俱樂部或組織的行政管理者。他們的工作是負責監督體育教練與相關人員，並籌劃體育活動與賽事。

一位體育部主任，請他們推薦兩位學生運動員，來競爭一千元美元的獎學金。藉由這場活動，他以首重價值的方式聯絡到德州的每一位決策者，太天才了！這個方法實在創意十足、效用無窮，而且令人意想不到。

詹姆斯還這麼問：「如果能在建立人際關係時展現更強烈的意圖，會帶來什麼成效呢？」我常告訴大家不要太刻意，輕鬆去交你想交的朋友，而不是刻意去結交你認為該認識的人。或許我的做法有時比較天馬行空，所以我問詹姆斯是否能提供一些創新的建議，讓我們以更策略導向的方法，來與自己鎖定的決策者、具有人事決定權的經理，或是深具影響力的人士建立連結。以下是詹姆斯提供的五大創新方法，讓我們在對的時機，主動與對的人建立關係。

一、**Podcast**：這個方法或許不適用於每個人，但錄製 Podcast 其實比想像中更簡單。有很多公司能協助你成立 Podcast 頻道，像詹姆斯的甜魚媒體（Sweet Fish Media）就是其中一例。他的公司標語是：「我們的服務讓您與理想客戶合作，規劃以採訪為主軸的 Podcast 節目，打造聚焦特定產業的內容。」詹姆斯表示：「如果邀請潛在顧客擔任節目來賓，他們就很有可能會點頭答應跟你合作。對方只要上過你的節目，你們之間就能建立真誠的關係。」為了證明真誠的人際關係能帶來實質收益，他透露：「在短短十八個月內，公司就有超過十六萬五千美元的銷售額是來自曾上過我們節目的來賓。這個方法真的有效。」

二、**免費服務**：這個手法聽起來或許不是那麼吸引人，但搞不好你已經在無償付出了。我就做過這種事。我替資訊管理協會發表的第一場演講，就沒跟他們拿半毛錢。詹姆斯指出：「只要你證明自己的能力非常優秀，對方就很有可能會聘用你。」確實如此。在那場免費的演講中，該組織的領導人就坐在台下，他後來立刻付費邀我到全國大會發表主題演講。那場免費的活動，讓我在隔年排定了四場收費演講。而獨立出版國際組織（Indie Books International）的執行長亨利・戴弗里斯（Henry DeVries）也會舉辦免費的研討會，讓顧問學習如何行銷書籍或講座。像我就認識好幾位才華洋溢的作者，在參加那場免費的研討會後，請亨利來主掌他們的出書計畫。詹姆斯表示：「如果你具備特定技能，可考慮運用這些技能，無償替夢想中的客戶或雇主服務。若能讓對方不假思索地想跟你共事，就能建立人際關係。」

三、**提供個性化贈禮**：詹姆斯表示：「贈送貼心、周到的小禮物，絕對能讓你成功與他人建立關係。」這個道理不難懂，但我還做得不夠確實。某次與一位執行長見面，我就送了一罐他最愛的龍舌蘭酒。因為這罐酒，他之後又找我開了一次會。自此至今的這十多年來，我們之間的友誼與師徒關係始終沒斷過。詹姆斯推薦兩大資源讓大家參考。首先，大家可以參考約翰·魯林（John Ruhlin）的著作《送禮之道》（*Giftology*），來學習各種關於送禮的學問；其次，運用 Alyce.com 等線上工具。Alyce.com 這個網站會運用個人社交數據，並結合你的商業目標，在對的時間點送出對的禮物，藉此帶動對方回應。我建議大家可以寄送立體的包裹，因為立體包裹通常是第一個被拆開的。比方說，有次我寄巧克力給一位懷孕的製作人，她收到之後非常開心。另外，我每次寄書給人的時候，也會在包裹中放入獨一無二的招牌簽名用筆，而大家收到包裹的反應都很熱烈。詹姆斯說：「就算不花大錢，也能帶來無窮效應。」這我完全同意。

四、**將聚光燈打在他們身上**：社群媒體的一大優點（偶爾也是缺點），就是每個人都有發聲的能力。詹姆斯這麼說：「社群媒體讓每個人有專屬舞台……我們可以把聚光燈打在任何人事物上。」與其發照片讓大家知道你晚餐吃了什麼，詹姆斯建議：「把焦點擺在你想連結的人身上。比方說，你可以在貼文中談論他們的書、介紹他們的文章，或是寫一篇『頂尖推薦』的文章，將他們列在排行榜之首。」我可以作證，這個方法真的行得通。我也常跟那些把我列在清單中的作者聯絡、表達謝意。詹姆斯說這就像「將他們當成搖滾巨星」。當然，將他們寫進文章中之後，別忘了傳文章連結給他們。

五、**規劃團體遊戲**：以前我還在出版社上班時，某位高層主管舉辦了「三月瘋」（March Madness）籃球賽事博弈遊戲。那位主管打電話給跟我同辦公室的同事時，同事驚慌失措，但主管只是想通知他贏得比賽了！那位主管也因此認識這位同事。不管是博弈、《夢幻總教頭》（fantasy football league）遊戲、讀書俱樂部或是辦公室彩券，詹姆斯都建議：「舉辦團體活動是跟人建立關係的好方法。除了邀請你想連結的人之外，也要邀請那個人想建立關係的對象。比方說，想跟製造業的某位執行長建立人脈，就要邀請其他製造業的執行長、投資人或潛在客戶一起參加活動。」

思維任務

養成好奇心練習

人脈王永遠都具備好奇思維，但這對大家來說可不容易。大家可以稍微回想一下，最近一次因為想學習或知道更多而真心好奇的那種感覺。《人生需要暫停鍵》（*Pause: Harnessing the Life-Changing Power of Giving Yourself a Break*）的作者瑞秋・歐蜜拉（Rachael O'Meara，詳見 RachaelOMeara.com）就說，她在真心好奇時，會立即感到無比輕鬆，覺得一切更有樂趣，還能創造更深厚的人際關係。祕訣何在？答案是，「下次對參加某場活動感到恐懼，或談話內容平淡乏味時，暫停一下、轉換你的想法，讓自己更開放、更具好奇心！」

瑞秋運用我在好奇心法則中提出的技巧，設計出這套思維任務，希望能讓大家在下次對談時，激發內在固有的好奇心。請你問自己以下三個問題：

- 針對與我交談的對象，我有什麼想知道的？
- 有什麼是我真心想知道，很想發問的？
- 根據我得到的資訊，我能分享哪些個人訊息（關於我、我的工作以及我的生活）來協助這個人？

瑞秋認為最理想的社交思維，是「放下心中的企圖或計畫，單純投入在當下並且真心感到好奇。這樣就能在對話時更投入放鬆，也更充實滿足。」另外也要養成**成長心態**。在史丹佛大學教授卡蘿．杜維克（Carol Dweck）的定義下，成長心態指「在面對挑戰時，覺得挑戰能讓人更有動力，而不是視其為威脅。」[1] 擁有成長心態的人更有好奇心，也更樂於提問。別擔心，每個人都能培養出成長心態，但這是需要刻意練習的技能。

別忘了，良好的社交互動不只有一種樣貌。事實上，我因為到哥倫比亞大學的全球女企業家論壇（Women in Business）演講，而認識另一位講者，我們兩個後來成為摯友以及夥伴教練。當時，我們同時抵達會場，但怎麼樣也進不去會場大樓。那個時候是二月，外頭白雪紛飛，我看到旁邊站了一位穿著紫色麂皮長靴的女子。我當下立刻覺得這個女的一定很酷，就開口讚美她的靴子。我們還開玩笑說：「是要智商多高才進得去這棟大樓啊？」我們試了每扇門，那些門要不是上了鎖就是要有學生證才能進出。到了午餐時間，我們已經變得很熟悉，完全不像只認識幾小時。從我們認識到現在已約莫十年，但我跟她還是非常要好的朋友。

社交無所不在，我們必須抱持開放、好奇的心態，面帶微笑並樂於分享。你做的每件事、每則貼文和每一場談話，這些全都是社交。

重點回顧

我們都是社交動物。無論你是內向、外向還是中向性格者，連結能力都不受影響。

找到專屬社交配方。每個人的社交方式各有不同，因此請選擇對自己來說最自在的方式社交，無論是虛擬、團體還是一對一社交都行。記得適時跨出舒適圈，嘗試其他社交手法，讓自己更如魚得水，更善於建立人脈。

內向者的優勢。內向者賦有成為傑出人脈王的特質。例如：他們是非常優秀的傾聽者，知道如何讓對方覺得自己被理解。而且，他們會集中注意力在交談的對象上，更非常善於能建立真正連結的一對一社交。

在社交場合中如魚得水。如果決定出席活動，請抱持正向、熱情以及愉悅的心情，不要懷抱任何期待與企圖。你也可以邀朋友共同出席，或是與活動中落單的人搭話，對方一定會非常樂意與你互動。但別忘了後續追蹤，讓對談晉升成人脈連結。

交互使用擁護與詢問手法來**發揮好奇心**。問自己以下問題，讓對話順利進行：

- 針對與我交談的對象，我有什麼想知道的？
- 有什麼是我真心想知道，很想發問的？
- 根據我得到的資訊，我能分享哪些個人訊息（關於我、我的工作以及我的生活）來協助這個人？

以極具創意的方式來建立人脈。跳脫框架，跟各式各樣的人連結。比方說，主持 Podcast 節目、提供免費服務、寄送個性化贈禮，或是在社群媒體上提及他人，這些都是非常有創意的連結方式。

9 心態六：勤勉審慎思維

「不行動，任何事都做不成。」

——美國知名作家瑪雅・安傑盧（Maya Angelou）

養成勤勉審慎思維的關鍵

勤勉審慎的人，其人格特質為謹慎細膩、努力認真。一個人勤勉審慎，代表他希望能好好完成任務，並會認真看待應盡的職責。大家可以把這個特質想像成「個人當責」（personal accountability）。我的調查結果指出，不同等級的人脈王性格勤勉審慎的可能性，是非人脈王的二點六倍。換句話說，如果人脈王說他們會做某件事，他們就真的會去執行。因此，當你進一步採取行動並貫徹到底，就能建立信譽，鞏固你在他人心中的人脈王形象。當越多人對你抱持這種評價，他們就會越想與你連結，你的人脈網絡也會逐漸擴大。對各種層級的人脈王來說，勤勉審慎是不可或缺的特質。

有些人天生就有勤勉審慎的特質，他們非常準時、做事井井有條。而他們對達成目標也很有一套，像是設定目標、努力執行，即使碰到挫折也不會立刻放棄。他們不會輕易灰心喪志，永遠都有一套計畫。然而，並非所有人天生就具備這種特質。對大多數人來說，時間只是「參考用」。他們視時間為綁手綁腳的多餘限制。好消息是，根據《人格研究雜誌》（*Journal of Research in Personality*），不管你目前處於何種人生階段，都能培養出勤勉審慎的特質。[1] 只要效法勤勉審慎的人，學習他們的習慣與態度，你也能培養出這種特質。

想變成勤勉審慎的人，首先你必須對自己當前的思維有所覺察。我發現許多研究結果都顯示，勤勉審慎的人跟人脈王具有內控性格。我在調查中發現，將自己歸類為人脈王的人具有強大內控性格的可能性，是非人脈王的一點七倍。換句話說，他們相信自己能控制什麼事該發生，也會對自己與個人言行負責。當事情出錯時，他們不會責備他人或怪罪外在因素。在面對挑戰時，他們努力堅持，更能控制衝動。所以培養勤勉審慎思維的第一步，就是先養成一種信念：你全權掌控自己的人生，失敗或成功全操之在己。

鍛鍊執行力的四個要點

人脈王會確實採取行動。想想辦公室的同事或生活中認識的人，應該有人就是無法貫徹始終，也不能履行諾言。或者，你在派工作給某人時，總得將截止期限往前挪，因為你知道他們最後一定會要求延期。跟這些人共事是什麼滋味？當一個人無法說到做到，對方對他的信任感就會逐漸消失，而他的人際關係也會因此受損。如果你也是需要努力學習勤勉審慎的多數人，可參考以下建議。

制定個人專屬的計畫

人們在採納這套思維時，最容易碰到的挑戰是，我們會去模仿別人，仿造他們安排工作或規劃每日行程的方式。然而，請制定專屬於你的計畫，思考自己的工作習慣與方式，想一想自己在一天的什麼時候精神比較差。以我為例，我的思路在白天最清晰，所以會把需要動腦的工作排在早上，因為到了下午我的大腦就會開始變鈍。另一方面，我也會查出自己忘記或漏掉某件事的原因，並制定策略來加以補強。比方說，我超喜歡用手機的提示功能，手機只要輕輕一響，我就不會忘記要打電話了。

專注在特定事項上，養成勤勉審慎的性格。我們的目的不是要改變你的個性，只是想培養特定技能。光是下定決心當個更勤勉細心的人是沒有用的。這種目標太空泛、太虛無縹緲。相反地，你應該要選一個特定事項來改善，例如準時、安排日程表，或是整理辦公室，並依此設立 SMARTER 目標。此外，在制定計畫時，也要考慮到如果進展不如你預期該怎麼辦。

別草率了事

勤勉審慎的人脈王有另一項特質，那就是他們會盡全力達成任務、履行承諾。

記住：完成某件事跟把事情做好兩者截然不同。認真負責的人會以自己的工作態度和方式為傲。對他們來說，以正確的方法來做事非常重要。我之前就有位助理，他交出的工作我都得再檢查一遍。那位助理要不是打錯字、沒有準時寄出合約，就是忘記上傳檔案，永遠都有紕漏。他非常粗心大意，但一連串的錯誤與疏漏也沒有讓他有所警覺。當然，他沒有在這個崗位上久待。

身為暢銷作家與知名領導力教練的馬歇爾．葛史密斯，曾分享一段童年回憶，內容是關於勤勉審慎這項特質。「十四歲時，我家非常窮，有一天屋頂突然開始漏水。我爸請了丹尼斯．穆德（Dennis Mudd）來幫忙修屋頂。他們也找我一起幫忙，這樣能省點錢。我們費了好大一番功夫翻新屋頂，丹尼斯看起來非常自豪，也竭盡所能完成任務。完工後，他看著我爸比爾說：『比爾，你檢查一下屋頂。如果你覺得屋頂補得好，就付我錢，如果不滿意就不要給我任何一毛錢。』丹尼斯也很窮，他也缺錢。我看著丹尼斯說：『這個人雖然沒錢，但他可不隨便。他是個有格調的人。』」

丹尼斯不僅有格調，他更體現勤勉審慎的特質：他對自己的工作成果深具信心。如果想展現勤勉審慎的特質，請重複檢查工作成果。比方說，你可以透過問問題，來確保自己清楚了解任務內容和預期成效。提交成果時，解釋你的成品為何對這個案子來說是非常成功的結果。如果你跟我一樣都不太擅長挑錯字，可以請工作夥伴幫忙校對，而你也可以替他們校對作為回饋。畢竟，讀文章時，假如你已經知道接下來大概會讀到什麼內容，就很難挑出字面上的細小錯誤。如果想倡導這種互助風氣，可以主動付出，同時請別人分享看法與心得。當你工作獲得肯定時，你也會更以自己努力的成果為傲。

後續追蹤

就連最勤奮認真的人偶爾也會有所疏漏。想一想，你是如何處理待辦清單上的任務呢？當你把某件事交辦出去，但又必須回頭接手處理時，會發生什麼事？尤其在交接工作時，更容易會遺漏事情。舉例來說，你跟客戶聯繫或轉達某人的要求後，會在待辦清單中把這件事劃掉。但如果對方沒有回應呢？你會記得再聯絡一次嗎？完成工作固然是件輕鬆愉快的事，但工作有可能會被細分為許多階段，不能單以「完成」和「未完成」來區分。像我就設了一個「進行中」檔案夾，每週都會定期檢查裡頭的工作。你們也可以找出自己的方法，來紀錄那些不必立刻執行，但還不算完成的任務。

常有人問我到底該怎麼拿捏「定期追蹤新聯絡人」跟「死纏爛打」的界線？怎麼樣算等太久，或是聯絡的時機已經太晚？我通常會告訴對方「三次法則」。就算第一次聯絡對方未有回應，我覺得還是要繼續嘗試。然而，我建議大家最好不要太密集與他人聯絡。基本上，我會在幾個月內主動聯絡三次，之後就不會再緊追不放，而是把這些人放到六個月後的追蹤清單中，看看是否只是現在不適合聯絡。而在寄信給他們的時候，可以在標題寫：「忘記聯絡囉！」如果還是沒回應，我就不會繼續追蹤。至於時機是否太晚，我覺得如果能及時聯絡當然最好，不過對人脈王來說，潛在人脈連結永遠都不會來得太遲。我桌上有些名片都已經躺了六個月了，上頭積滿灰塵。不過我還是會寄封信給他們，在標題列寫道「剛找到你的名片」或「好久沒聯絡」，這樣就能讓你的追蹤手法更有人情味。

交換資訊、回報成果

在履行承諾的過程中，不只要實際執行任務，完成任務後更要確實討論、回報成果。為了清楚知道自己是否準確回覆他人的提問，我們都會問：「這樣有回答到你的問題嗎？」事實上，交換資訊和回報成果，能讓你跳脫自己負責的工作，想得更遠、更透徹，並反思接下這份任務的動機。此外，就算你已經完成自己負責的部分，還是可以詢問同事或夥伴是否需要協助，或探詢整個計畫的進度，來做到交換資訊並回報成果。

身為人脈王的你，如果曾受惠或受助於人脈連結，就絕對要交換資訊、回報成果。假設黛文介紹人脈給你認識，就要讓她知道你有把握她提供的機會確實與對方聯絡。這是對他人貢獻表示尊重的方法。你不僅代表自己，也代表那位幫忙介紹的人。不過，在跟新的人脈聯絡時，不必把介紹人一起拉進通話群組中。我通常會把人脈介紹者設為密件副本，這樣他們就會知道我已經聯絡到對方了，收信匣也不會多出一堆無謂的信件。為了交換資訊、回報成果，我會再回過頭跟黛文聯絡，讓她知道我與那位人脈聯繫的結果，以及她的協助帶來哪些成效。

另外，我也會不時跟新認識的人脈提起黛文，強調是多虧她我們才得以建立連結。這樣不僅能提升她的價值，更能增進與新人脈之間的信任。一定要讓介紹人知道他們的協助帶來哪些效用，不要讓他們在一旁納悶，而是讓他們知道自己提供的協助是對的。同時，在交換資訊、回報成果時，要讚揚他們的功勞，向他們表達感謝。舉例來說，我在第一本書出版後，就寄給每位曾幫過我的人一本個人著作，並在書裡簽名題詞。這個動作的目的，是提醒自己無論他人是在多久之前提供協助，永遠都不要忘記他們的功勞。無論他們的付出是否帶來成效，也要感謝他們願意盡心盡力，而不是執著於成果。

培養好人緣的四大訣竅

我曾受邀擔任《講者世界》（*World of Speakers*）這個 Podcast 的來賓，節目主持人是三度擔任 TEDx 講者的溝通達人萊恩・福蘭德（Ryan Foland）。每次上節目受訪，我都會在節目前後跟主持人聊天，那次當然不例外。跟萊恩閒聊之後，我動筆寫下這個段落，紀錄萊恩跟我分享的四大簡單訣竅，告訴大家在認識新朋友與參加商業社交活動時該如何表現。

- **清楚展露正向情緒**。跟未曾謀面的人碰面時，第一印象真的非常重要。萊恩提到：「妳知道人臉能做出四千多種微表情，而別人都會下意識注意到這些表情嗎？」我還真的不知道！萊恩表示不管是有意識還是無意識的臉部表情，這些微表情透露出許多訊息。人類已經習慣不斷評估外在事物，藉此判斷自己是否處於安全的環境。萊恩跟我都認為如果不想讓別人覺得你具有威脅性，最棒的策略就是微笑！面帶微笑的人比較好親近，不笑的人則比較有距離感。當你目光掃射會場裡的群眾時，會不由自主地判讀、接收群眾的臉部表情。而你也比較容易跟那些看起來心情不錯、與你有眼神接觸，讓你知道他們樂意交談的人建立連結。在談話過程中微笑，表示你認同對方的觀點，甚至你可以為微笑而微笑，這樣對方也會以微笑來回應。這個簡單的訣竅能發揮無窮效用，而且它不僅適用於社交場合，任何時機都能運用。試著在日常互動中多微笑，就能建立更多連結，輕鬆自在地與人對談，把握許多本來可能會錯失的良機。

- **鼓勵對方開口**。在社交場合中最適用的策略就是積極聆聽。我在《人脈，從建立好感開始》的第六章提過，我們不能只是被動接收資訊，更要留意對方話語隱含的資訊。其實大家都喜歡說話。萊恩說：「有研究指出，一個人講話的時間跟他從談話中獲得的連結感，兩者呈正相關。」因此萊恩建議：「假如想快速跟剛認識的人建立連結，可以讓他們多說點話。」萊恩表示我們可以：「全神貫注傾聽，了解對方的話語，並根據他們提供的資訊提出更好的問題。」只要專注聆聽，就會在對談時更加投入，並在對方心中留下正向情緒記憶，提升第二次交談的可能性。重點在於，學習傾聽，透過傾聽來了解他人。

- **表述你的專業技能**。萊恩在指導企業領導人，教他們如何讓客戶購買更多產品或服務時，對這些領導人說要先描述自己的專長，闡述自己能解決哪種問題。我們在第五章提過，WIIFT 能讓他人更願意採用你的提案。如果你是個能幫他們解決問題的人，他們就更會將你當成不可或缺的人脈。別人問起你的職業時，「不要直接講出職業名稱，而是描述自己擅長解決哪種類型的問題。」按照這種方式來回答，有意者自然會請你透露更多資訊。我覺得這個策略很有意思，與其說「我是教練或培訓師」，可以改說：「我能讓團隊合作更順暢。」萊恩運用這項技巧時，對方自然會問他是透過哪些方法來解決問題。萊恩說：「只要稍微調整資訊的先後順序，就能吸引對方注意，讓對方對你更好奇，更能讓談話持續開展。」

- **創造記憶點**。這項建議是要我們在對方心中留下印象，不過這項技巧確實說易行難。在商業社交場合中，你有可能會跟數十人交談、接觸，要記得每個人實在不容易。那麼，該如何在對方心中留下印象呢？萊恩表示你可以「在對方腦中拋下記憶錨點。」比方說，萊恩會在談話結束時運用以下技巧：「我會請他們想出一組密碼字。大家聽了通常會一頭霧水。我會請他們想出一組詞，讓他們記下我們的互動或談話。他們可以講出當下腦中浮現的字詞，像是我們先前聊到的主題，或是跟活動相關的事物。」之後，他就會在發送後續追蹤郵件時，將這組字詞寫在標題列中。「這組字就像腦中的錨一樣。」有趣的是，我上次跟克莉絲汀・普雷斯納聊完天時，就不經意運用這項技巧，而「該死！」成了我們的記憶關鍵字。我會在第十一章提供完整故事。

不傷和氣的拒絕技巧

我想先釐清一件事：勤勉認真的人並非永遠都要答應別人的要求。人脈王有時仍會說「不」，他們知道何時該拒絕，也知道該如何拒絕。然而，說「不」並不容易，拋出讓他人期望落空的答案也是件非常尷尬的事。你可能會覺得自己很沒禮貌，覺得同儕會當你是個無用的人，或擔心上司覺得你不夠犧牲奉獻。有時候你想答應別人的請求，但根本應付不來。這時要記得，你永遠有權利拒絕。我老公在我的電腦螢幕上貼了「**不**」的紙條長達一年，提醒我要更常說不。他做得對。如果想當個勤勉負責、能履行諾言的人，就必須對投身的事物有所選擇。你必須知道該在何時拒絕以及如何拒絕。如果不方便斷然回絕，就該學習要如何答應。

最近有個跟我不熟的遠親寫信問我，是否能到她所屬的區域專業人士組織，擔任週間餐會演講的主講人。然而，活動會場距離我家要一小時車程，而且時間恰好是上下班尖峰時段，更會占用到我的家庭時光。另外，他們不提供講師費用，聽眾也只有少少幾十個人。要不是她是我親戚，我大可輕鬆拒絕。在這個案例中，我運用所謂的「**不，但是**」技巧。我讓她知道我的無償服務政策和相關要求，並表示：「我無法答應這場邀約，**但如果**你們能結合其他團體，讓聽眾人數達到最低限度，或是……歡迎再跟我聯絡。」我提供幾種選項，讓她未來有機會順利邀我舉辦講座，並解釋我這次為什麼會回絕。雖然還是有點難為情，但這對我來說是正確的決定。

你能根據請求的重要性，以及請求者與你的關係，來決定用何種技巧回應。表9.1介紹在各種情況下的回應方式，並提供實際回應範例。

【表9.1】不同情境的回應技巧

重要性	關係	選擇	技巧
低	疏遠	拒絕或提問	不行 可以，但是 在……情況下，就可以 在……之後，就可以
低至中	適中	調整協議	條件式拒絕 拒絕時提出替代方案 答應時提出替代方案
低至中	親近	調整優先順序	不行，但是 可以，但是 答應時提出替代方案
高	親近	接受	當然好

如果跟對方關係疏遠，他的要求也不迫切，拒絕起來就不難。無論是直接拒絕，或是說「沒辦法，但還是謝謝你」都行，用你覺得自在的方式回應就好。但不

要說「很抱歉，沒辦法」。第一，你完全沒必要感到抱歉，你本來就有說不的權利。再來，這種回答方式會讓對方不死心，不斷施壓拜託你答應，使你違背意願答應對方。如果是礙於現況或情面，讓你不得不答應請求，可以將拒絕包裝成「**可以，但是**」。第一，你可以針對請求進一步詢問，像是「我應該優先處理這件事嗎？」或「如果讓別人來幫忙可以嗎？」也可以問「如果……可行嗎？」獲得更多資訊後，你就能回答「好啊，如果這件事很急的話。」或「沒問題，如果真的沒有其他人能幫忙的話。」透過這個方式，提出請求的人就會重新評估，判斷他們**是否**真的需要**你**來做這件事。

與對方的關係越深厚，對方對你來說越重要，就越不會斷然給出「好」或「不好」的答案。你可以**條件式拒絕**他人的請求。比方說，「我沒辦法負責全部，但可以幫忙……」或「我現在沒有時間，但……比較有空。」你們也可以一起協商任務的優先次序，你可以說「現在不行，但忙完手邊的工作後就有空。」或「我沒辦法幫忙，但可以推薦幾個合適的人選。」條件式拒絕也可以變成條件式答應，或在**答應時提出替代方案**。你可以試著說：「沒問題，我可以幫你完成這項任務。你想先處理哪個部分？」或「沒問題，我可以幫你找出有助於完成任務的資源。」

我喜歡在回應時提出替代方案，也時常仰賴這項策略。舉例來說，有一次，兒子的老師請我指導她先生，他當時正努力創業，我也非常樂意幫忙。但由於我能指導的客戶數量有限，所以後來他想聘請我當教練時，我就提出替代方案，告訴他可以選擇更符合經濟效益的指導教練。不過，我會把有用的學習資源轉寄給他，但還是堅定拒絕立場。而這項策略也能讓你內心更舒坦，不讓雙方互動變尷尬，更不會損及長遠的人脈連結。

答應請求不難。但是要確保自己具有充足的能力來完成任務，不要讓對方的請求擠壓到其他重要工作，在這種情況下答應才是正確之舉。如果你決定答應別人的要求，可以考慮其他答應的方式。例如：**如果……就沒問題；在……之後，就可以；在……的時候，就可以**。如果發現這項任務已經超出能力與技能所及，就該在答應時順便「請求協助」，比方說：「我很樂意幫忙，但需要有人幫忙重新分配工作。」或「如果能先進行相關訓練，我就能幫這個忙。」答應別人的請託時，請確定自己真的做得到，而且能做得好。

想到勤勉審慎思維時，我都會聯想到「值得信賴」這個詞。但「值得信賴」並不是一種心態，而是透過行為和努力得來的評價。你得**長期**展現勤勉審慎的特質，才能讓別人對你產生這種觀感。每個人對勤勉的定義都不同，但我最喜歡的說法是「堅持到底」。一個人如果能在做決定前深思熟慮，清楚知道自己想做跟不想做什麼，並且能實踐承諾，傾盡全力來完成任務，最後就能贏得「值得信賴」的名聲。對人脈王來說，這是相當重要的特質。

重點回顧

勤勉審慎是人脈王的關鍵特質。人脈王性格勤勉審慎的可能性，是非人脈王的二點六倍。人脈王總是說到做到。

立下承諾，就必須全力實踐。勤勉審慎的特質能靠後天養成。因此你不必改變個性，只需要培養技能。

制定計畫。光是決定要當個勤勉負責的人還太模糊籠統。你應該從特定領域著手，例如講求準時，或是安排每日行程，以及整理辦公室等。而制定計畫的另一個目的是，讓你思考如果進展不如預期該怎麼做。

別敷衍了事。盡全力做每件事。畢竟，把事情完成跟把事情做好是不一樣的。勤勉認真的人會以自己的工作態度為豪。

後續追蹤、妥善收尾。實踐諾言不只包含採取行動，更要回頭檢視成果，並跟所有相關人士溝通討論。只要懂得後續追蹤、妥善收尾，就能提升信譽，讓人脈王形象更根深柢固。

運用溝通訣竅。留下好的第一印象、當個積極聆聽者，並在對談時根據對方提供的資訊來提問。此外，在跟別人介紹自己的工作或職業時，先解釋自己擅長解決哪一種問題。

知道如何答應與拒絕。人脈王會秉持勤勉審慎的態度，來面對自己決心投入的任務，所以他們不輕言答應每項請求。另一方面，答應的方法有很多種，例如：**如果……就沒問題；在……之後，就可以；在……的時候，就可以**。如果能提出替代方案，就比較容易開口拒絕。例如：你可以試著說「沒辦法，但是」或提出條件式拒絕。

10

心態七：慷慨思維

「我們藉由獲得來維持生活，但透過付出來創造人生。」

——前英國首相邱吉爾

成就高價值的慷慨精神

我對這套思維非常有熱忱。慷慨思維基本上就是提升好感度的第十項法則，也就是付出法則。我時常闡述以下幾項美好的概念，像是率先付出、經常付出、因為有能力所以付出，以及不期待回饋的付出。慷慨思維本身就能創造價值，這項價值雖然不具形體、難以量化，卻極具感染力！

具有慷慨精神的人，隨時都準備好給予及付出更多。這是一種面對生命的態度與方式，跟自身處境無關。嚴格來說，他們根本沒有義務，也沒必要向他人付出。舉例來說，有位無家可歸的遊民獲得一百元美元，他把錢拿去買食物後分給其他需要的人。「遊民如何花一百美元」（How Does a Homeless Man Spend $100）這部 YouTube 影片每每都令我動容。[1]

慷慨大方的人會抱著開放的心與他人互動，他們不帶任何偏見，而且願意接受任何理念、價值和行為。這種人相信大家的本意是良善的，他們也會擁抱差異，真心替他人的好運感到開心。儘管他們並不是完全沒有嫉妒之心，但他們的言行舉止不會被這種短暫的不快所驅動。

上面那段描述讀起來似乎遙不可及，我也捫心自問：「我真的具備慷慨大方的精神嗎？」在我的描述之下，這些人聽起來彷彿是聖人，但他們並不是。

他們都是在有意識的努力之下，刻意選擇並養成慷慨的心態。若想培養出慷慨精神，你必須花心思從某人或某個情境中，找出優點或值得欣賞的特點，還要不斷尋找能增加價值的機會，更要懂得質疑自己的假設和結論。而這些行為並非遙不可及。

慷慨待人的方法有很多種，但這種精神本身才是人脈王的完美體現。與知名領導力教練馬歇爾．葛史密斯談話時，我就清楚看出他慷慨的特質。他就是慷慨大方的典範，他說：「我沒有任何智慧財產權，我把一切都給了出去。大家想怎麼運用我的資源就怎麼用，只要上網就行了。所有人都可以讀任何他們感興趣的素材，不管他們要怎麼使用、複製、下載，還是跟別人分享或把自己的名字放上去，我都沒意見。」馬歇爾最近還「收養」一百名教練，向他們傳授豐富的知識。他唯一要求的回報是，請這些人透過某種方式將這些知識傳遞出去。

馬歇爾分享他年輕時的一項經歷，闡述他的「慷慨」處世觀。當時駐紮在肯塔基州的他，負責執行先天性缺陷基金會（March of Dimes）的麵包發放計畫。這項計畫原本的流程是「請工作人員挨家挨戶敲門，要求住戶捐款。如果他們有捐錢，就發給他們一條麵包。假如對方不願捐款，就不發放麵包。」馬歇爾卻對團隊說：「我們換個方式吧。如果住戶開門，就先給他們麵包。假如他們想捐款，那很棒。如果他們不想捐，那也無所謂，還是把麵包給他們！」他的想法是假如對方窮到無法捐錢，就給他們麵包吧。由於他的團隊負責在最窮困的社區募款，所以收到的總金額應該也會是最低的。但馬歇爾自豪地說：「我們的募款金額比別人高出兩成。」

他相信「多數人都是良善的，如果你用慷慨和善的態度來面對他們，他們也會用同樣的方式來回報你！這就是人際互動。」這種思維讓他能夠展現慷慨大方的精神。

三大策略，擴展慷慨價值

擁有慷慨精神的關鍵在於，要對付出感到由衷**開心**。這跟富足思維是一樣的道理：你不僅擁有足夠的資源，而且在分享時間、聯絡人、知識或資源時，更會由衷感到快樂。你不會心懷悔恨，也不會拿著平衡計分卡等著對方「回報」。

不過究竟要付出多少，這點有時確實難以判斷。有些人在尋找導師，或是與資歷豐富、職位較高的人建立連結時，就常常會有這種疑惑。我完全可以理解。我過去也常感到納悶，現在偶爾還是有所困惑。除了認識資歷豐富的人之外，我們也想跟資淺的後進建立連結。過去十多年來，我跟一位非常成功的執行長逐漸建立起關係，而我們是透過共同朋友認識的。雖然他在我們第一次交談的前十分鐘，就否決了我的經營概念，但我們的關係仍未受阻礙，持續順利發展至今。這些年來，我一直試著當個有用的朋友。但坦白說，跟他帶給我的價值相比，我的付出根本微乎其微。但我也要適時提醒自己：慷慨大方的人不會尋求回報！

多年前我在酒吧中對他說：「你知道嗎？你就像我的導師一樣。」他先是展露微笑，接著開懷大笑。對我來說，他帶給我的價值比我給他的價值還多。但這不代表我無法替他創造價值。如果真的想創造價值，絕對找得到辦法。比方說，我就曾替他介紹過幾個人脈。有一次，我也幫他從 Target 百貨買到印有特定超級英雄的上衣。住在紐約市中心的他，住家附近當時沒有半間 Target 門市。最近，我也跟他分享治療針眼的居家療法。或許對他來說，知道他的建議對我來說大有幫助，就已經極具價值了吧。

雖然你可能會覺得自己在專業上比不過人家，但你還是能透過各種方式來付出。有顆慷慨大方的心，不代表你就必須做出多了不起的貢獻。比方說，這本書的編輯曾替一名位高權重的媒體公司執行長工作，那位執行長的手機每次都被埋在包包深處。編輯後來就教那位執行長設定手機，運用原本專替失聰或聽力受損人士設計的功能，讓手機一邊響一邊閃光。那位執行長感到又驚又喜。有時候光是舉手之勞，也能發揮極大的效應。事實上，光是誠心向他人道謝，感謝他們這麼盡心盡力完成工作，或是透過行為展現善意，讓別人覺得自己極度受到賞識，這本身就是莫大的禮物了。以下提供一些建議，讓人脈王藉由慷慨之舉來創造價值。

介紹人脈

人脈王最普遍的舉動，就是讓身邊的人脈彼此連結，這也是他們發揮慷慨精神的最基本方式。介紹人脈聽起來很簡單，但在牽線時要注意的面向可不少。在實際介紹之前，人脈王會思考此舉對雙方來說有何益處。畢竟，人脈王會介紹兩個人認識，肯定有他的理由，而他也會將這個理由告訴雙方。

在與雙方溝通的過程中，向雙方解釋他們為什麼該認識對方，清楚點出雙方能獲得的潛在價值。有時候你想不到雙方能從連結中獲得哪些確切的價值，但還是覺得他們該見個面。在這種情況下，你還是能介紹他們認識，只要說：「雖然我不確定你們怎麼想，但我覺得你們應該會想認識一下。」因為你是人脈王，你的決定具有公信力，所以大家會相信你建立的人脈連結。如果對方正在培養人脈王思維，就算他不清楚引介目的和動機，也會以開放的心胸來認識新朋友。除了提及連結的原因之外，也要在介紹雙方時提到兩個人的背景資料。我可能會講一下當初是怎麼認識他們的，並附上他們的線上個人資料或官網，或是開個話題讓他們對談。這樣就能讓雙方更快了解彼此、迅速進入狀況。

在某些情況下，你必須稍微調整引介的過程。在某些人脈連結中，雙方獲得的價值並不對等，這時就要改變引介模式。比方說，朋友有一次介紹她公司的執行長給我認識，這位執行長後來也成為我的導師。不過在介紹前，她有先徵詢那位執行長的同意，這個做法完全正確。你絕對不希望在介紹人脈時，讓對方覺得是基於你們的關係才**必須**回應。人脈王會想伸手拉其他人脈王一把，這就是人脈王思維。當然，你也要清楚告訴對方你介紹雙方認識的用意，讓對方對人脈連結的結果有所預期。不要過度推銷、言過其實。如果對方是在伸手幫忙，讓他們知道你也是用同樣的角度來看待這段關係。再者，你也不希望過度運用自己的名聲，來跟不熟的人接觸。在介紹人脈認識時，要清楚知道自己和對方具有何種程度的連結。

有時上述兩種面向同時存在。最近我認識一位名叫培雅的作家，她正在舉辦研討會，目前也積極徵詢講者。當時我立刻想起荷莉，身為百老匯劇場製作人的她，應該很適合到會議上演講。不過我不知道荷莉會不會有興趣，畢竟她不是專業講者，而我對培雅也還不熟。我請培雅多傳一些資料給我，我再將這些資料寄給荷莉，問她對這個活動感不感興趣。她表示有興趣參加後，我就介紹她們彼此認識。假如她們沒有向我回報近況，我也會主動聯絡，問問她們談得怎麼樣了。即便雙方都沒有主動分享資訊，你也可以積極詢問。透過這個方式，就能持續追蹤，讓連結更加深厚。

散播他人的善舉

慷慨大方的人會散播他人的善舉，強化其中的正向效應。比方說，在社群媒體上分享他們的訊息、推廣他們努力勤奮的故事、邀請別人一起加入他們的行動，或是將他們的慷慨精神分享給其他人，這些都是強化正向效應的方式。我在《人脈，從建立好感開始》的第十章中，第一次提到艾美。當時在商場上已經站穩腳步的她，不吝花時間給我這個想成為創業家的人建議。她給我莫大的勇氣，鼓勵我：「掛上招牌，大聲說：『開始營業囉！』」雖然後來我終於能替她創造一些價值，回報她當年的幫助，但中間有好幾年我都幫不了她。儘管如此，我還是花時間輔導新銳創業家，間接將她慷慨的精神繼續發揚光大。

某次在某大學演講時我就提起這個故事，並說：「至今我已經跟一百多人坐下來談過了。」群眾之中有人大聲喊：「我就是其中之一！」我瞇起眼睛想看看那個人是誰，臉上揚起微笑，朝唐納文揮揮手。接著我又聽到他身旁的女子說：「我也是！」演講廳變得鬧哄哄的，有將近半數的聽眾都舉手說：「我也跟妳聊過！」我眼眶泛淚，只說：「我應該上修這個數字了！」根據最新估計，我大概已經跟五百多個新銳創業家談過，這個數字至今仍持續上升。我之所以說慷慨之心無邊無際，指的就是這個意思。艾美當初絕對沒想到，自己的慷慨精神竟然能造福這麼多人。慷慨的效應果真是無可限量。

二〇一五年，我跟孩子發起一項正能量分享活動，在 YouTube 平台上發布名為「#365LivingGiving」的影片。[2] 我的目標是散播世界上的善舉，將美好、良善的訊息分享出去。我希望孩子除了接收令人沮喪的新聞之外，也能吸收正向暖心的消息。而「40 以下社群網絡」的創辦人達拉．布魯斯坦，也發起了名為「#GiveItForward」的挑戰，每天幫助一個人，在沒有任何附帶條件的情況下，協助他們往目標或夢想邁進，或是幫忙滿足他們的需求。她熱情懇切的呼籲深得我心：「不管銀行帳戶裡有多少錢，無論有多少閒暇時間，我們都有能力協助他人。在給予協助的過程中，我們絕對也會變得更快樂、更成功。」短短二十四小時內，就有來自全球各地的三百多位民眾加入行列。他們開始詢問別人：「你今天需要什麼協助？」並把幫助他人的動人故事分享出去。

「傳遞他人的善舉」正是強化正向效應的核心精神。點出他人的行動、言談或付出對周遭群眾帶來哪些效應，就能散播他們的慷慨精神。那麼，你想傳遞誰的精神或哪一件善行出去呢？

主動伸出援手

在商場上，所謂的慷慨精神多指在他人開口之前，就主動替他們的工作創造價值。慷慨指的就是主動付出的心態。而職位越高，這項心態就越不可或缺，因為你能付出的能力和價值也越來越多。在職場上，大家有時會避免太過慷慨。我們擔心將功勞拱手讓人，自己的成就會因此打折，同時也會擔心被別人利用。當然，我沒有天真到覺得這種事情不會發生。風險永遠都在。但如果你清楚知道自己的目標為何，並盡心盡力完成答應他人的事情，就能將這份風險減到最低。經營人際關係能讓你更上一層樓，擔心只會令人畫地自限。

我曾在第三章提到老公麥可如何進步成積極人脈王。當時還屬反應式人脈王的他，會等待別人主動開口求助。我就問他：「為什麼要等別人開口呢？開口求助可不容易。你能力這麼好，又有這麼多資源，可以想一想能如何幫助別人，主動伸出手啊！」無論是提供資訊、邀請、介紹人脈、表達欣賞、給予建議、表達感謝、肯定對方的成就、歸功他人，或是簡單說聲謝謝，這些都是創造價值的方法。每個人都有付出的渴望，所以我們要將渴望化為行動，清楚知道自己真的能創造價值。

無論你目前處於哪個人生階段都不要緊。你或許認為自己只是將善意散播出去，但曾受協助的對象哪天有可能會升到比你更高的職位，並順手拉你一把。在慷慨大方的思維之下，大家都能向前邁進。

實踐慷慨思維的三個注意事項

展現慷慨思維有時候也挺棘手的。奉獻付出跟被他人利用僅一線之隔，甚至有時付出過度也會傷到自己跟心愛的人。的確，免費釋出領導力教材和課程的馬歇爾，就將慷慨無私的精神發揮到極致，更展現強大的富足思維。然而，那也是因為馬歇爾那時已有能力大方地傾囊相授，但這個做法未必對每個人來說都是明智且實際的選擇。你不必為了展現慷慨的精神而全然付出自己擁有的資源。為了維持慷慨的心態，你必須適時劃定界線。你可以回頭參考前一章節的內容，學習如何輕鬆自在地答應或拒絕他人的請託。

確實，人有時候會**過於**慷慨，女性更常碰到這種困擾。伊麗莎・卡瑪霍・佩姬（Elisa Camahort Page）是 BlogHer 這個女性社群媒體的共同創辦人，同時也是《革命地圖》（*Road Map for Revolutionaries: Resistance, Activism, and Advocacy for All*）的作者，她認為慷慨大方跟當濫好人是不一樣的。但如何區分兩者呢？這時你劃下的界線就是關鍵。讀者可以參考後文伊麗莎的建議。她跟我一樣，我們都曾無法克制付出的渴望，但最後反噬的都是自己。這種情況出現在各個產業中，像是醫生參加餐會時，被要求「幫忙簡單檢查一下身體狀況」；會計師不斷被親友要求回答與稅收漏洞相關的問題；財務分析師被要求分享自己看好的股票；人資專員一直收到朋友的朋友寄來的履歷，請他看看哪裡還需要修改；房仲業務受託免費評估房屋的市值。

如果專業知識就是你的產品，提問的人跟你都很難清楚劃定界線。我並不是叫大家都不要發問，而是想鼓勵所有人設立界線。別忘了，慷慨精神的定義是付出後不感到忿恨。如果付出後氣憤難平，或許就代表對方已經越線了。

慷慨思維確實也帶有一些風險，這也是為什麼設定界線如此重要。發揮慷慨精神時，也要留意以下三項不利的因素。

一、**給予對方不需要的協助**。有時候人脈王會積極提供協助，但反而可能會幫倒忙。這種現象絕對曾發生在你的人際關係中。有時候對方只需要有人傾聽、理解，完全不需要你出面「處理」。因此，詢問對方只是需要傾訴的對象，還是需要實際的協助，請他們指出當下的需求為何。如果你想提供資訊或介紹人脈，請在行動前詢問對方的意願。若提供對方不需要的協助，他們可能會有種被強迫或厭煩的感覺。這會對人際關係構成損傷。

二、**承擔過多**、**分身乏術**。我在這本書中針對時間管理，以及拒絕和答應請託的方法都給了一些建議。重點是，不要耗盡自己的能量與資源。稱職的人脈王知道何時收手。

三、**被占便宜**。在被占便宜的當下，旁觀者看得或許比當事人脈王更清楚。由於每個人的心態跟處世方法各不相同，因此有些人可能會利用你慷慨無私的特質。請在不考慮是否會損及人際關係的情況下，決定自己想付出到什麼程度。

人脈連結的關鍵原則

我請伊麗莎解釋，擁有慷慨精神跟被不恰當的請託壓到喘不過氣，這兩者之間有什麼差別。她表示：「我常常目睹這種惡性循環。有些剛進產業、商業界或剛展開職涯的新人，會卯盡全力把握機會。連那種需要他們發揮技能，但報酬少得可憐，甚至是用『曝光率』、『締結更多人脈』或其他形式來取代實際金錢報酬的機會都不放過。但是到了某個程度，曝光率和人脈的投資報酬率太低，你會開始想『我要搞清楚自己的價值』，或『曝光率又沒辦法拿來繳房租』。」

我們都相信認可自己的專長、知道自己的價值，並開口要求應得的報酬等概念非常重要。但同時，伊麗莎也認為：「每個優秀的領導者都會秉持慷慨的精神，相信有天會獲得回饋。他們深信富足的潛在價值，也知道何時該貢獻一己之力、而不是追求立竿見影的回報。」那麼，我們該如何拿捏？

以我為例，我就設計了一份決策樹，透過各種標準來評估情況。另外，我也會限制自己在一段時間內參加的活動數量。這麼一來，我在面對他人的請託時就能客觀判斷，不會每次都被付出的渴望所驅動。別人要求伊麗莎發揮專長時，她會在回覆時清楚闡述自己的界線：「我是該領域的專業顧問，不過我很樂意提供朋友或其友人一個小時的免費諮詢……來約個時間用電話聊吧。」

跟伊麗莎聊天時，我發現她清楚掌握人脈連結的一大原則是，這不關乎個人。對她來說，建立人脈是「讓兩到三方以上的人相互連結，並以他們的相互利益為出發點，並且知道自己不一定是獲利方，因此效益不一定會立即顯現。」伊麗莎不把慷慨當做交易。她深知回饋不一定會回到自己身上，也知道「不是每個我幫過的人都有能力幫我，或許他們永遠也幫不了我」。但她堅定地認為，如果大家相信她能建立、維繫並促進極具效益的人際關係，對她來說就已經很有助益了。最後，伊麗莎也會決定何時該付出時間與精力。她一針見血地說：「只有我能判斷自己的付出值不值得。」因此，不計報酬地付出，不代表就一無所獲。

對自己慷慨

擁有慷慨精神不代表把別人看得比自己重要，我們也需要對自己慷慨一點。只有你知道自己需要什麼，以及該如何善待自己。無論是花點時間在跑步機上運動，還是參加大型會議前小睡一下都好。懂得慷慨待己的人，甚至會在日程表中安排善待自己的時間（即便這代表他們得請人幫忙負擔一點工作）。以前我從來不替自己設想，完全不上健身房，沒有任何放鬆活動，什麼都沒有。近幾年我才有所改變，當時我體認到應該要在滿到不能再滿的行程中，安排時間善待自己。事實上，設定界線非常有用，我也能重新調整工作優先順序。儘管調整之後我或許就得少跟幾個人面談，請我介紹人脈的人可能也得多等一陣子，但我必須告訴自己這一切都不要緊。

不得不說，我跟很多爸媽一樣內心掙扎著到底要在家陪小孩，還是去上班？然而，不管選擇哪一樣，總覺得自己疏忽了另一樣，甚至感覺自己的決定受到他人批判。這些年來我慢慢體會到一件事是，身為職場母親的我，如果能在專業領域建立使命感，會過得更開心，也更有成就感。雖然我不是家長教師協會主席，我仍然是個好媽媽。對自己慷慨指的就是了解自己有哪些需求，而不要對那些需求懷抱罪惡感。

如果你具備人脈王思維，當你注意到別人的需求，發現他們有需要你幫忙的地方時，你通常都會想辦法幫對方解決問題。但別忘了，有時候你也得幫幫自己，拒絕他人的請託。

跟別人交談時，我會專注傾聽並試圖了解對方。我會在腦中建立連結，尋找相似之處、關聯以及共同興趣。我也會透過聆聽來了解對方，尋找能增加價值的方式。而上述都是真正的人脈王會樂在其中的事。但這也不純粹是為他人犧牲奉獻，人脈王還是能從中獲益，像是得到無形的滿足感或他人的青睞。人脈王知道自己的一切行動和付出，都將回饋到自己身上和社群之中。同時他們也能在不預期立即建立互惠關係的情況下，提出請求並獲得成果。設下界線，大家都能展現慷慨精神。

重點回顧

展現慷慨精神。抱持開放的心胸與他人互動，不要帶有偏見或批判。包容不同的理念、價值和行為。相信別人的出發點都是良善的，以接納的心來擁抱差異。替他人的好運感到開心。暫時感到嫉妒是合理的，但別讓這種情緒驅動你的言行。

增加價值。你能給予豐富的資源，也能以各種方式提供協助。你不必奉獻自己擁有的一切。無論是提供資訊、邀請、介紹人脈、表達欣賞、給予建議、表達感謝、肯定對方的成就、歸功他人，或是簡單說聲謝謝，這些都是增加價值的方法。

傳遞他人的善行，**強化**正向效應。比方說，稱讚他們的功勞、分享他們的故事、支持他們，或是單純把愛和善心傳遞出去。

劃定界線。奉獻付出跟被占便宜是不一樣的，有時我們的付出甚至會對自己或愛人造成傷害。別忘了，有時候我們也得幫助自己，對別人說不。

慷慨待己。你知道自己的需求，也知道如何善待自己。請安排時間照顧自己。

PART

III

多元發展
── 擴展人脈的方式

最成功的人通常人脈最廣。某種程度來說，建立人脈指的是建立一個跨越興趣、產業、階級、種族、年齡、地域等各種因素的網絡。多元化的團隊或組織能做出更好的決策。而多樣化的人脈網絡能讓你獲得不同觀點，取得更多元的資訊並擴展交友圈。在接下來的章節中，我會談談擴展人脈的方法，讓你跟不同的族群相互連結，也會介紹一些好用的溝通管道和科技工具。

11

社群人脈與科技工具

「『建立連結，人脈就會自動上門』的觀念只存在於電影中。使用社群媒體時，應該要『建立連結、培養感情、與對方互動，人脈才能永續長存。』」

——美國行銷大師賽斯・高汀（Seth Godin）

老實說，我對科技非常不在行。要是沒有科技的幫忙，我的生活可能會一團亂，但面對科技我還算是個門外漢。每天都有更多新的工具，能讓我們被看見、與他人保持連結、分享資訊、張貼文章、更新動態、發表推特、釘選靈感❶，以及與

❶【譯注】在 Pinterest（由 Pin 與 Interest 這兩個字所組成，字面翻譯為「釘住興趣」）這個平台上，使用者能在個人布告欄上釘選照片，作為創意靈感來源。

他人聯繫。社群媒體的數量就算還不到數百種，少說也有數十種。在數位世界中，肯定也有需要注意的禁忌和準則。在本章節，我會介紹幾項社交平台、社群禁忌與規範，還有其他能讓交友圈更多元的科技工具。

每個社交平台都有自己的特性，而用戶的互動方式、連結的對象以及撰寫的貼文內容，也會受平台的特性所影響。我最早使用的社群平台是 LinkedIn，LinkedIn 仍是我目前認為最具價值的人脈連結平台。我針對連結這個概念所說、所教以及在書中寫下的一切，全都完美體現在 LinkedIn 這個平台上。LinkedIn 的任務宣言跟我寫這本書的理念很相近：「LinkedIn 的任務很簡單：讓全球專業人士相互連結，讓他們更具效益、更成功。」利用 LinkedIn 這個了不起的媒介，你會發現自己能透過其他人脈、組織、地區、利益團體等多種因素，與各式各樣的使用者建立關係。想有效運用這個平台，就要在網路與真實世界中，強化並增進彼此的關聯。

善用交友邀請擴展連結

如果你也是 LinkedIn 用戶，每天應該會收到一堆陌生人的交友邀請。我的情況就是這樣。你應該也跟我一樣，都在猶豫到底該不該答應這些邀請。以前，如果交友邀請滿足以下三大條件之一我就會答應：一、我已經認識對方；二、我知道對方為何發送邀請，例如我們念過同一間學校、在同一家公司上過班，或是屬於同一個產業；還有三、對方在發送邀請時附上訊息，解釋寄送交友邀請的動機。如果未滿足以上任何一項標準，我就不會答應。對多數人來說，這個方法很受用，也不會令人尷尬、不自在。透過這種方式，你就能建立熟悉的人脈網絡。你既不會害怕跟社群中的人聯絡或求助，也很樂意提供協助。

不過我的想法跟過去不同了。由於擴展人脈是我的部分業務，我希望能讓更多人接觸到我創造的內容。雖然還不至於到百分之百答應，但多數交友邀請我都不會拒絕。只要發送邀請的用戶參加過我演講、聽過我受訪的 Podcast 節目或讀過我的書，我都很樂於答應……你們大概懂我意思。只要附個短短的訊息，告訴我為什麼他們想建立關係，我都會欣然接受。通常我都會寫封個人化電郵或 LinkedIn 訊息，給這些發送邀請的用戶。就算寄送邀請時對方沒有附上訊息，只要他的個人檔案看起來沒問題（不像發送廣告或垃圾郵件的帳號），我還是會答應。之後，我會再發訊息問他們是怎麼找到我的，以及寄送交友邀請的動機為何。我跟克莉絲汀就是這樣認識的，後來的發展也非常有趣！她不僅出現在第六章，我也會在第十二章中的思維任務談到她。當時她誤打誤撞在 LinkedIn 上發交友邀請給我，我問她是怎麼找到我時，她的答案真是令人印象深刻。她回道：「該死！我根本忘了！」看到這回覆我笑到不行，也寫信給她：「該死這個字**好讚**！」之後我們視訊了幾次，她也很樂意在這本書中傾授專業知識！今天我們之所以能合作，就是因為我們將彼此的關係延續到 LinkedIn 之外。

如果想透過 LinkedIn 建立連結，千萬不要以為只要對方答應了交友邀請，就算是真正的人脈了。要締結真正的人脈，就必須在建立關係後採取其他行動。首先，瀏覽對方的個人資料。我每次都會看一下彼此有哪些共同關係人，瀏覽他們的經歷和教育背景，看看我們是否有任何共同點。我也很喜歡在興趣欄位裡找線索，有時候會發現令人意想不到的共同嗜好。你可以直接在 LinkedIn 上發送訊息，也可以複製聯絡資訊中的電郵地址，直接寫信給他們。但不是每個人都會定期檢查 LinkedIn 收件匣。如果不知道該說什麼，可以試著問他們是怎麼認識你們的共同關係人，或問問他們在目前待的公司做得怎麼樣。有時候簡單傳個「謝謝聯絡」，就已清楚展現你擴展關係的意願了。無論怎麼回覆，都不要只是按下「答應」，主動展開對話吧。

面對交友邀請，我建議大家多答應少拒絕。多答應交友邀請，就能對你的網絡帶來無窮效應，你也會發現自己出現在搜尋欄位或別人的推薦連結清單中。請小心，社群媒體中到處都是假帳號，LinkedIn 也不例外。如果不確定對方是不是假帳號，可以等個幾天，假帳號通常很快就會被移除。在判斷是否該跟某人連結時，可以想一想自己的生活與職涯目標。而當雙方在 LinkedIn 上建立連結時，對方就有機會開口向你提出請求，你也能尋求他們的協助。不少用戶會在名字旁邊標上 LION（LinkedIn Open Networkers），這代表他們來者不拒，願意跟各式各樣的用戶建立連結。如果你正試圖與其他用戶聯繫，好好把握線上與現實世界中的機會來擴展連結。使用 LinkedIn 的重點在於建立真正的人脈，光是累積好友數量是不夠的。

社群連結的三大交際指南

透過 LinkedIn 與他人聯繫時應該要雙管齊下。首先，在創立個人帳戶時，我每週會花幾分鐘想想自己認識哪些人，並透過 LinkedIn 跟他們聯繫。接著我會回想自己任職過的公司或讀過的學校，然後繼續透過 LinkedIn 發送交友邀請。擴展人脈的其中一種方式，是重新建構已隨時間慢慢淡去的關係，並將個人媒體發展成專業平台。

如果你已經認識對方，聯絡起來就輕鬆許多。但我建議這個時候還是要附上個人化訊息。人的記憶有可能會隨時間淡去，因此稍微提醒對方你們是怎麼認識的，他們就能輕鬆答應交友邀請。如果你沒有在現實生活中見過對方，透過 LinkedIn

發送邀請就需要一點技巧。你有兩種選擇，一種是追蹤他們的帳號，另一種是建立關係。這時，請先問自己為什麼要跟這個人聯絡。如果你只是欣賞對方、對方是你所屬產業位高權重的人士，或你只是想多了解他們的背景，但不一定要建立個人關係的話，可以考慮以追蹤取代交友邀請。

只要追蹤他們的帳號，他們的動態消息就會出現在你的首頁。只要他們貼出新的文章或貼文，你就會收到通知。雖然你不屬於他們的一度連結，但追蹤無須申請，這算是一種單向的關係。你會持續接收他們公開的內容，也會看到他們的近況更新。如果你的目標是建立關係，就邀請他們建立連結吧。假如他們接受你的邀請，就能建立雙向關係。這樣一來，他們能瀏覽你的貼文，你也能在不受字數限制的情況下直接發送訊息。先追蹤對方，之後要邀請他們建立連結會更容易。

如果你跟對方有共同關係人或相似之處，要求對方答應邀請也會更容易。在邀請訊息中，告訴對方你的聯絡動機為何。以下舉出常見的聯絡動機跟介紹說詞，可在與陌生人聯絡時加以運用。

共同關係人：假如對方真的認識你們的共同聯絡人，只要提起那個對象的名字，通常能立刻建立信任感。一般來說，如果你跟那位共同聯絡人夠熟，是不用在提及他之前徵詢同意的。不過如果你是以他們的角度來發言，像是「瑪莉亞建議我跟你聯繫」或「迪亞戈認為我們應該連結」，這種時候就要先徵求同意。其他選項包含：

- 「你的名字出現在我認識的人的好友清單。我們碰過面嗎？」或「不知道你有沒有興趣交流聯繫？」
- 「我發現你認識……你們怎麼會認識？我跟他是童年玩伴，真的好巧。」
- 「我們好像有很多共同好友，怎麼沒機會早點認識你呢？來交流聯繫吧。」

相同產業或組織：如果你的交友邀請是出於明顯的專業動機，通常也最容易被接受。假如你已經在產業裡工作，理由就更充分。我強烈建議在找新工作之前，先在產業中建立人脈網絡。若你正考慮轉職到新的產業，可以在交友邀請中提到這點。但如果你顯然是想推銷，別人會非常猶豫，不知道是否該與你建立關係。因此聯絡時請以提議的方式來自我介紹，不要提出要求。你可以嘗試以下說法：

- 「我發現我們都在……領域。我目前考慮轉職，對你任職的公司非常感興趣。你還喜歡自己的組織嗎？」
- 「我發現我們屬於同一個團體，你想交流聯繫嗎？」或「你覺得這個團體有價值嗎？」或「你希望從中獲得什麼？」或「你有興趣加入其他團體嗎？有幾個團體我覺得滿不錯的。」
- 「我看到你也替……工作。我之前也在那邊上班，來交流聯繫吧。」或「……還在那裡工作嗎？」或「我想多了解這間公司，你願意交流聯繫嗎？」

共同興趣：共同興趣雖然跟專業領域較無關聯，卻能建立非常緊密的個人關係。收到交友邀請的對象，看到你的聯絡動機是出於非專業的個人因素時，通常都不會加以懷疑。如果你們都追蹤同一個人或組織，分享你為什麼想追蹤，以及如何與組織成員互動。例如：

- 「我看到你也在追蹤……我覺得……的內容特別有價值。你怎麼會想追蹤他們？」
- 「我發現你也很支持……你最近有看到其他參與活動或計畫的機會嗎？」
- 「我們都是……的成員，我最近也想加入其他團體，不知道還有哪些組織是你覺得值得加入的呢？」

試著替潛在新聯絡人創造價值，也是個不錯的聯絡手法。如果確實可行的話，可以在聯絡時提到「彼此受惠」、「有合作的可能」，或是「互相協助」等語句。如果你是社會新鮮人，想跟公司的執行長建立關係，對他們說跟你建立關係對他們有利，這種說法並不恰當。你是把他們當同儕還是想請他們給建議？如果你是跟位階較高的專業人士聯絡，請抱持誠實的態度，只要說「想聽聽他們的建議」，或是「有個小問題」就好了。這樣他們回應的機率會比較高。

而像以下我收到的這則交友邀請，完全不會讓人想點頭答應：「我想試著用LinkedIn找新客戶。我決定放手一搏，也想追蹤妳的內容跟貼文。希望這個方法能奏效。」想都不用想，我根本沒答應。而另外一種比較失禮的邀約法如下，不過這次我有答應邀請。對方當時沒有傳訊息，所以我是在答應之後寄電郵過去問他聯絡的原因。他回道：「哈囉，蜜雪兒。我最近在手機裡下載了 LinkedIn 這個應用程式。這個程式要求取得手機裡的所有聯絡人電子郵件，結果就寄了三千多封交友邀請出去，妳就是其中一個。」他坦承這是個無意的小插曲，後來我們也幽默帶過。雖然他達成目的了，但我不會隨便發這種大批交友邀請。我猜應該有很多人直接忽略他的無差別聯絡信。

不管選用哪種手法，個人化訊息絕對會讓你更容易得到正面回應。你或許永遠不會得到回應，但別往心裡去。很多人都很忙，或許不像你在 LinkedIn 上這麼活躍。我就曾經在聯絡後過了幾個月才收到回覆。

LinkedIn 互動的四大要點

LinkedIn 是個人際關係平台。正如在現實生活中第一印象很重要，在虛擬世界裡也不例外。因此首先，我們得打造一個完整的個人檔案。請紮實填寫每個區塊，鉅細靡遺描述自己的技能，並盡可能運用關鍵字，這樣你的帳號就會更容易被搜尋到。另外，絕對要上傳照片！這點我百分之百堅持。如果帳號中有照片，對方跟你建立關係的意願也會提高。照片能增加信任。就算你的照片不是專業攝影師拍的也無妨，選一張展現專業態度的半身照即可。不要用那種顯然是把身邊的人裁掉的照片，如果你不是漫畫家，也不要在大頭貼放插畫。我會在後續段落中提供更多訣竅，教大家讓個人帳號更盡善盡美。

建好個人帳號之後，就可以開始跟其他用戶建立關係，下一個步驟是要在平台上互動。用戶會在 LinkedIn 上找工作，或是尋找適合的職位候選人，另外也會瀏覽內容、分享專長與資源、加入社群團體等。在任何社群平台上與人互動，都得遵守一定的禮儀。當然，你的互動模式依照你的目標而定。而其中一項目標，就只是在網路上現身，增加你的熟悉度和名字的識別度。以下列舉一些在 LinkedIn 上互動的方法，以及應該避免的事項。

更新動態、貼文與回應

這是在 LinkedIn 上最簡單的互動方式。你可以在個人頁面中更新動態，而該動態則會依照你的隱私設定，被分享給網絡中的特定用戶。如果有人瀏覽你的個人資料，你也可以檢視造訪者的紀錄。用戶能夠以純文字、文字搭配圖片、文章或影片的形式發文。其中，動態消息的字數限制比文章來得高，而這兩種發文形式也會分區儲存在個人頁面的活動區塊中。最簡單的互動方式，是按讚或分享別人的貼文。回應是更進一步的互動模式，也是強化關係的好方法。有些用戶就非常積極分享、按讚跟回應我的貼文，現在我們都很熟悉彼此。（尚恩跟達琳，謝囉！）但別忘了，更新動態時要注意：這是個專業平台，最好不要一直在 LinkedIn 上張貼跟私生活相關的內容。當然，偶爾分享生活經驗或個人照片倒是無妨。如果是使用其他社群平台，也要注意不要過度更新。當個活躍的用戶，適度現身即可，最好不要一天連發好幾則動態。一般來說，每週更新幾次就夠了。

社團連結

我非常喜歡 LinkedIn 的社團功能。我們雖然能加入許多社團，但不可能在每個社團中都保持活躍。就算你不打算每天閱讀新貼文，還是能加入各種社團。加入社團，就能讓更多人找到你，輕鬆與你建立關係。你也能透過加入特定社團來展現興趣和嗜好，讓別人有辦法從共同興趣切入，與你展開對談。我將自己的社團活躍程度分為以下四大類：

一、**積極互動**：如果想積極互動，可在社團中貼文、發問、針對內容按讚以及回應動態消息。積極互動的另一個好方法，就是回答其他成員提出的問題。這麼一來，大家就能看出你希望能對社群有貢獻。

二、**追蹤內容**：假如想追蹤內容，可以設定接收社團通知的頻率。我個人是選擇每週通知，這樣我瀏覽的內容就不至於太過時。這麼一來，我不僅能閱讀自己感興趣的文章，更能控管收到的電郵量。當然，你也能選擇追蹤特定對話或主題。

三、**需要時造訪社團**：你可以關閉通知，偶爾造訪社團瀏覽活動。或許多數時候社團的內容都與你無關，或者你只想在裡頭分享內容而已。不要在社團中發布過多貼文，確保你的貼文內容對社團成員來說有意義跟價值。

四、**主持社團**：主持社團時，你會設定各種規範，讓成員知道該與不該在社團裡公告哪些內容。你可以核准他人的回應，也能允許成員公開貼文。你可以順其自然，想貼文就貼文，也可以按照一定的頻率來貼文。早期我在 LinkedIn 上成立自己的社團，名為「教練、培訓師和顧問」（Coaches, Trainers, & Consultants，CTC）。[1]在這個邀請制社團中，成員都是我在業界認識的人。我們會在社團發問、分享資源，也會在現實生活中合作。後來開始有其他用戶要求加入社團，我才發現其實很多人都對這個概念感興趣。所以我又創了另一個開放式社團，同時開設創辦人的附屬小社團。我的同事亞諾多・卡瑞拉（Arnaldo Carrera），成立名為人脈王俱樂部（ConnectorsClub）[2]的 LinkedIn 社團，而這本書的靈感就是來自這個社團。

通知與隱私設定

我非常喜歡運用 LinkedIn 的通知功能。用戶可以設定接收通知的頻率和類型，也可以決定開啟誰的通知（一度連結、社團成員等）。設定通知有很多好處。第一，通知能讓你隨時追蹤關係人的近況，例如對方找到新工作、生日，或更新個人資料等。這樣你就能傳個短訊給他們，讓他們在沒有見到你的情況下，還是能記得你。

我不建議大家使用自動祝賀訊息。大家肯定都收過數十封罐頭祝賀訊息，這種訊息讀起來非常生硬。相反地，花點時間寫封個人化訊息。只要三秒，就能寫出：「恭喜你得到新的職位！新工作的內容是什麼？還適應嗎？」這樣他們就會記得你。這種訊息讀起來不僅比系統預設內容更有溫度，也能讓雙方展開對話。請跟我重複三遍：**個人化訊息**、**個人化訊息**、**個人化訊息**。

LinkedIn 會告訴你有多少人瀏覽你的檔案。我們能從這個數字看出檔案內容效力有多高，以及它有多容易被其他用戶搜尋。在付費版本中，用戶能清楚知道誰瀏覽自己的檔案，免費版的限制較多真的很可惜。你能在「誰來造訪」這個功能中，看到檔案瀏覽者的姓名、頭銜以及公司。另外，我覺得能知道其他用戶可以用哪些關鍵字來找到我的檔案，這個功能也很有意思。上述功能都有助於提升個人檔案的能見度。大家都知道我很愛跟瀏覽我檔案的人聯絡、建立關係。

通知的另一項功能，是讓你的名字出現在聯絡人的首頁中。但在編輯個人檔案資料時，要特別留意隱私設定。你絕對不希望自己在修改個人檔案時，一直在聯絡人的首頁中跳出更新。大家可以在隱私權的「從檔案分享職場異動、學歷更新、到職紀念日」這個欄位，開啟或關閉重大更新通知。

分享或發表內容

最後一個互動選項是發表或分享內容。發表內容包含張貼影片、文章或是發問，藉此與其他用戶展開對談、交換靈感或資源。如果你有寫部落格的習慣，可以在 LinkedIn 上分享自己的部落格，提升文章的觸及率。儘管不是每個人都想發表專屬內容，那也不要緊！光是發掘篩選並分享內容，以及轉貼你覺得重要的文章，我覺得就已經很有效了。在自己的平台上，分享產業指標人物發表的內容，就能與他們建立關係。分享別人努力的成果不僅能提高你的聲望，也能讓你感到愉快。同時，針對你張貼的文章撰寫個人評論，讓大家知道你真的讀過文章，像是：「我很喜歡這篇文章。雖然我不同意第四點，但第一點真的很精闢。」你還可以問：「你們認同哪一點呢？」來啟發其他用戶，鼓勵他們回應與互動。

社群行銷的3C原則與七大訣竅

為什麼我會請丹尼斯．布朗（Dennis Brown）擔任這個主題的專家呢？因為他利用 LinkedIn 和社群銷售，從無到有創造兩千萬美元的銷售額。聽到他從大學時擔任銷售人員，到後來創造數百萬美元的業務王國，我實在是深感佩服。

丹尼斯表示：「以前我是公司最爛的業務。我不只沒自信，更超級害羞內向。在拉業務的時候我總是跌跌撞撞、呆頭呆腦的。剛到職的前幾天，我每天都有辭職的念頭。」後來他自信漸增，業績也開始有了起色。在他到職第一年的尾聲，他已經躋身超級業務了。

六個月後，他離開那間陷入財務危機的公司，想自食其力到外頭闖蕩。然而，頭幾年他做得非常辛苦。二〇〇三年，沒有經驗或產業背景的他，成立了第三方物流公司。他說：「我們提供製造商或經銷商物流服務。基本上，我就像是創了一間沒有卡車的貨運公司。」

這就是有趣之處。雖然丹尼斯透過內容行銷在網路上搜集潛在客戶資料，他卻不怎麼信任社群媒體，他甚至替自己的臉書帳號取了「詹姆斯．龐德」（James Bond）這個假名。他偶然發現 LinkedIn 時，決定「放手一搏試用幾個月，證明自己對社群媒體的看法是對的。用社群平台來經營企業對企業的業務，根本是天方夜譚。」

然而，註冊後幾個月內，他就找到第一位客戶。這位年薪幾十萬美元的客戶，在接下來幾年內持續與他合作，帶來將近一百萬美元的銷售額。成了 LinkedIn 的新信徒之後，丹尼斯就設計一套 LinkedIn 行銷系統，這後來也成為他開發新業務的主要管道。從二〇〇八到二〇一三年，他的公司就藉由新業務締造兩千多萬美元的業績，其中有多數還是年度經常性收入。

利用 LinkedIn 締造八千多萬銷售額後，丹尼斯就把公司給賣了。現在他的工作是協助全球客戶，利用 LinkedIn 和社群行銷來累積更多客戶和銷售額。我們根據他的3C做法整理出以下七大訣竅：

一、**創造**（Create）：根據目標市場打造極具說服力的帳號。

二、**連結**（Connect）：勾勒出目標市場的輪廓，並找出這個市場、建立連結。

三、**轉換**（Convert）：與潛在客戶互動，讓彼此從線上連結轉換為見面晤談。

運用 LinkedIn 開發業務的七大訣竅

一、**確切定義目標市場**：如果沒人想買，你就做不成生意。那麼，誰會需要你提供的服務呢？丹尼斯說：「如果沒有先鎖定目標市場，基本上不可能打中目標。」他建議：「拿張紙，清楚寫下目標市場的特徵，包含產業、地理位置、職稱、內部部門或是公司規模等要素。」品牌經營專家瑪麗亞建議大家，創造理想客戶的形象或角色。她說：「你必須清楚知道理想客戶具備哪些特徵，不然就永遠無法提供他們服務。」替這個想像中的角色取名，清楚定義他們的年齡和生活風格。瑪麗亞「鼓勵大家描述得越精確越好，打造出實際存在的對象。想一想他們都過著什麼生活，有哪些興趣、害怕哪些事，人生的理想和目標是什麼。」

二、**讓個人檔案更臻完美**：丹尼斯提醒大家將 LinkedIn 的個人檔案視為履歷表。「把 LinkedIn 的個人頁面當成個人品牌網站，用來吸引目標客群。」而且，在編輯以下關鍵區塊時可不能馬虎：

- **照片**：依照你想呈現的形象，來選擇照片中的服飾。如果你在銀行業上班，就該選一張穿西裝的照片。如果你想在音樂、平面設計或新創產業等創意領域求職，可以選一件時髦的 T-shirt。我通常會建議大家選擇色彩鮮豔的上衣或領帶，這樣形象會更鮮明亮眼。除此之外，我覺得微笑也能替形象大加分，不過重點是你必須感到輕鬆自在，得以做最真實的**自己**。同時，想一想自己大頭貼要傳遞出什麼品牌訊息。如果你的工作跟戶外相關，選一張戶外照也無妨。但記住：LinkedIn 是個專業的社群平台。

- **頭銜**：丹尼斯建議：「最好不要在頭銜的地方直接寫職稱。應該要利用這個欄位，清楚描述你能替目標市場帶來哪些價值。」他的頭銜就是最佳例證：「利用 LinkedIn 和社群行銷創造兩千萬業績的專家，詳情內洽！」我也採納這項建議，改了好幾次自己的頭銜！
- **檔案摘要**：我搜集不少撰寫檔案摘要的訣竅，大家對我的檔案摘要也給過各種評論，有些人覺得我寫得不錯，有些則說有待加強。我最喜歡的一項建議是，以第一人稱來撰寫摘要。比起第三人稱的傳記式摘要，我覺得對話式的語調比較能建立連結。丹尼斯的建議很明智，他說：「用列點的方法來寫，每一點寫一、兩句話就好，這樣讀者比較容易消化。」在用手機瀏覽資訊的年代，這項建議非常精闢。為了讓檔案資料維持在最新的狀態，可以列出幾項手上正在處理的案子。像我在寫這本書的時候，就在檔案中寫：「將在二〇一九年出版第四本著作《人脈複利》。」你也可以在摘要中放入影片或投影片等多媒體素材，或是列出你的背景經歷。這些做法都能讓你的摘要令人耳目一新。

- **興趣**：雖然我一再強調 LinkedIn 是個專業平台，但你還是能在上面公開興趣與嗜好，或尋找適合的非專業社團。別忘了我在前面提過的相似法則：我們會根據共同點來建立連結。聊聊你跟對方共同追蹤的影響力人士，或共同支持的慈善團體，這些都是開啟話題的好方法。

三、**運用銷售情報**：個人檔案中有豐富的資料能用來建立關係。丹尼斯建議大家花一、兩分鐘仔細閱讀潛在客戶的個人檔案，像是瀏覽工作經驗中的細節、他們念過哪間學校、公開或有所互動的內容、追蹤的影響力人士或公司、他們的家鄉、現居地點、過去因工作而駐紮的城市，或是共同關係人與社團。上述資訊都能讓你展開話題、建立連結。

四、**運用社群證言來強化你的訊息**：丹尼斯說：「自己講自己的優點跟長處，這叫自吹自擂。但同樣的話交給別人來說，這就叫證據。」這點我非常認同。從過往經驗來看，女性比男性更難自我推銷，但對任何人來說這都不簡單。因此，不如把這份工作交給別人吧！每次演講結束，我都會向聽眾或客戶聯繫，請他們在LinkedIn上寫下證言或推薦語。多虧LinkedIn的提示功能，就算不用主動提出要求，其他用戶也會替我的技能背書。潛在客戶會以推薦與背書的數量，來判斷你提供的服務品質。你希望推薦與和證詞幫你帶來哪些效應呢？

五、**經營引人入勝的LinkedIn內容**：如果想為人所知、建立社群，讓客戶視你為有價值的資源，就要定位自己為利基市場中的專家，丹尼斯認為這是目前最有效的方法。在LinkedIn上，主要有動態消息跟發表文章等兩種經營內容的方式。動態消息旨在提供簡短的資訊，字數限制為一千三百字，同時還能附上影片或照片。根據隱私設定，你的動態消息會觸及部分一度連結與二度連結的用戶。而文章則最多可以寫四萬字。但相較於動態消息，用戶要瀏覽他人曾發表的文章更為容易。因為若想找出他人的舊動態，就必須不斷往前搜尋。而不管是更新動態還是發表文章，你都能加入影像、影片或是音檔。不過，大家對發文的頻率各執己見。丹尼斯建議「一天更新一次，或是每週更新至少兩到三次。」他不建議大家使用 Hootsuite 或 Buffer 等自動發文工具，因為：「在我的經驗中，這種工具會限縮貼文觸及的群眾，內容也沒那麼吸引人。」我個人是覺得自動發文跟即時發文能交替使用。

六、**重點在於人際關係而非交易**：不要在第一次見面時就進行商業提案。BNI創辦人伊凡．米斯納說：「不要提出冒昧的請求。」在人際關係初期，請別人推薦你或開口談商業合作，都是非常魯莽的舉動。丹尼斯提醒大家：「你是在對經驗與知識都非常豐富的買家推銷，他們能輕鬆取得大量資訊，掌握關於你的公司、產品和競爭對手的消息。」伊凡的某篇文章標題為〈談到人脈連結，獵人永遠不是農夫的對手〉（When It Comes To Networking, Farmers Will Always Beat Hunters），這就是最好的比喻。我們不是要在碰面時就一擊致勝，而是要花時間培養人際關係。先埋下種子，未來才能收割成果。

七、**保持耐心**：這是丹尼斯的關鍵訣竅，也是我最愛的一項，更與我之前提到的耐心法則相呼應：只要花時間等待，成果終有一天會降臨。羅馬不是一天造成的，人際關係也不是。保持耐心，慢慢花時間培養。丹尼斯提到：「LinkedIn 跟社群行銷並不是萬靈丹。如果操作正確，就是廣義銷售與行銷過程的一環。」

各類社群平台經營心法

社群媒體能讓人輕鬆觸及廣大群眾，建立多元人脈連結，而市面上也出現繽紛多元的社群媒體。然而，如果想建立真正的人脈，就要想辦法轉化虛擬關係為現實世界的連結。如果想展現對虛擬人脈的興趣和支持，請分享他們的內容、按讚或是評論他們發起的活動。正如我之前所說，光有連結是不夠的，還要互動。

社交平台能讓我們與在日常生活中沒有交集的對象建立連結，特別是那些地位更崇高的對象。除了基本互動，你也能針對他們的內容撰寫文章，或針對特定主題打造「最佳」清單，將你欣賞的對象列在清單中。而分享他們的內容時，務必在文章或貼文中標註他們，這樣他們才會收到通知。看到你支持他們發布的內容，就能帶來正面連結、提升姓名識別度。有些人甚至會回過來追蹤你。我的編輯就是這樣，她就是在社群媒體上認識未來潛在客戶。

社群媒體的選擇多到令人眼花撩亂。我建議大家針對自己所屬的產業，選擇兩到三個社群平台，然後集中精神在這幾個平台上就好。想一想：「我想連結的人都在使用哪些平台？」另外，我得提醒大家，在網路上發言就跟在真實世界中一樣，不過你的線上發言可能會被瘋狂轉傳。所以別忘了，你在社群媒體上的言論，會影響他人對你的觀感。求職時，你在社群媒體上的形象也會帶來正面或負面影響。CareerBuilder 這個在線就業網站就透過調查發現，七〇％的雇主會在聘用候選人之前，先調查他們的社群媒體。五四％的雇主就曾因為在求職者的社群平台上發現特定內容，而不讓他們接下某個職缺。[3]

以下列出幾個目前非常熱門的社群平台。除了 Snapchat 之外，我在其他平台上都設有帳號，但真正積極使用的只有其中兩項。

臉書

臉書本來是專為大學生所創，後來也受到各年齡層用戶的青睞。而公司行號也會在臉書上成立粉絲專頁來與客戶溝通。根據活躍用戶數量來看，臉書是全球目前規模最大的社群網絡，不過使用者的年齡層有增加趨勢，其中五十五歲以上用戶數量成長最快。臉書的官方理念是讓世界更開放、更連結，但用戶有時也會分享過多資訊。大家可考慮克制發文的頻率，針對爭議性議題貼文時要謹慎，盡量避免發表過於激烈的批判性言論。

推特

推特就像微型部落格，適合用來分享新聞、評論時事，或即時發起線上運動。你可以利用主題標籤（hashtag）來追蹤熱門議題，並參與大規模討論。在推特這個全球社群平台上，你能建立其他社群網站無法提供的連結。推特會迅速更新一連串來自朋友、家人、學術人員、政治人物、新聞記者跟專家的貼文，讓大家都能成為業餘生活記者。在推特上，用戶最多能用兩百八十字來紀錄他們認為有趣的事情。這是個大家能輕鬆接收資訊的社群平台，並將自己追蹤的用戶的貼文轉發出去。

Instagram

Instagram 是個用來分享照片的應用程式，能讓用戶透過智慧型手機分享照片或影片。你可選擇公開帳號，或審核哪些用戶有權限瀏覽你的內容。Instagram 的修圖工具跟回應功能（用戶可立即獲得追蹤者回饋），讓 Instagram 吸引大批名人和時尚達人使用。有些追蹤人數相當高的品牌，會在這個平台上分享迷人精美的照片（可參考《國家地理》的帳號@natgeo）。跟其他社群平台相比，有些品牌能藉由 Instagram 發揮更大影響力，並與其他用戶更密切地互動。

Snapchat

Snapchat 原本是私人一對一照片分享應用程式。在這個程式中，照片（或稱「快照」（snap））只會顯示幾秒鐘，接著就永遠消失。但現在，Snapchat 的功能與以往大不相同。用戶可以傳送短片、即時視訊聊天、傳訊息、創造虛擬角色，並透過依時間排序的「限時動態」（story），將照片或影片播送給所有追蹤者。這個社交平台不斷推出新功能。像我的姪女就說 Snapchat 很有趣，大家會用這個平台來保持聯絡，跟別人分享生活。但她也建議我不要讓還沒進入青春期的兒子使用。她有一次接受另一名陌生用戶的交友邀請，不久後就收到不恰當的照片。而這個程式最知名的就是濾鏡功能，用戶可以套用小狗濾鏡或是跟朋友換臉。Snapchat 非常受青少年喜愛。

Pinterest

Pinterest 這個社群網絡，能讓用戶在如同布告欄的平台上，公開自己儲存或擷取的照片與影片，讓用戶分享視覺影像、探索新興趣。這個平台的重點是個人生活風格，讓你跟別人分享自己的品味和興趣，尋找志同道合的用戶。這個平台的宗旨是「透過大家感興趣的『事物』，讓世界上的每個人相互連結。」Pinterest 的用戶多為女性，而它也非常適合運用在視覺創意產業中，像是室內裝潢、時尚、化妝或食物。如果你的職業或興趣跟這個領域無關，或許就不用花時間經營這個平台了。

客戶關係管理工具的三大目標

二〇一五年，我很榮幸被《富比世》雜誌（*Forbes*）列為全球前二十五大人脈專家。被譽為人脈專家的人會採取什麼行動呢？當然是跟彼此聯絡啊！我因此認識了人際行銷專家茲維．班德（Zvi Band），他也是 Contactually 這個客戶關係管理工具的共同創辦人。

坦白說，我從來沒用過客戶關係管理工具。我一直以為這些工具是專供業務或房仲業者使用，而且它們的操作介面也看起來非常複雜。或許在早期，這些工具真的很難上手。簡單來說，客戶關係管理工具就是個資料庫。茲維讓我大開眼界，原來這類工具能讓各種人受惠。客戶關係管理工具能「促進你跟重要人脈互動，而這些人脈對你的業務或職涯都不可或缺」。現在，聰明的資料庫能匯總資料，讓你輕鬆無負擔地維繫人脈連結。

不管是哪一種系統取徑，有工具總比沒工具好。舉凡 Excel 試算表、Outlook

還是任何能助你一臂之力的工具都行。無論選擇哪種方法，茲維指出「你必須先網羅自己認識的人。因此，你使用的客戶關係管理工具，應該要能追蹤、紀錄你的每個行動。而很多系統也都會匯入電子郵件聯絡清單、行事曆、Excel 試算表、手機聯絡清單，甚至還會追蹤來電紀錄跟簡訊內容。」茲維認為，客戶關係管理工具應達成三項目標。

一、**讓生活更輕鬆**：你運用的資料庫，要能夠以數位型態呈現出真實世界。客戶關係管理工具會紀錄你的上一次對話、你與團隊的筆記，Contactually 甚至還能從網路上擷取聯絡人資訊。茲維表示：「客戶關係管理工具能替你排序人際關係，讓你先與效益最大的聯絡人互動。」資料庫應該要讓你知道該跟誰聯繫，以及何時與他們聯繫。

二、**提供其他管道無法提供的情報**：我曾讀過一篇文章，內容是關於 Contactually 的最佳發信時間（Best Time to Email）功能。我問茲維這個功能為何能讓使用者回覆率增加二〇%。他表示：「因為這個工具會不斷分析使用者與聯絡人的關係。」Contactually 能讓你知道每日最佳聯絡時機，因為系統會追蹤你的信何時被打開、點擊以及回覆。不過，不同系統提供的聯絡人情報都不盡相同。

三、**協助互動**：我問過數千位聽眾為什麼他們不進行後續追蹤，他們最常給的答案是「我不知道要說什麼」，或是「我沒有繼續追蹤的理由。」事實上，客戶關係管理工具能讓溝通更迅速且更有效率，它除了讓你知道該跟誰互動，更能協助你與對方互動。茲維表示這類工具能「利用電子郵件範本、預設活動，以及無法透過其他管道獲得的資訊，來協助用戶針對人脈進行後續追蹤。」

如果客戶關係管理工具能達成上述目標，就能讓生活更輕鬆、有效率，也更能提升與他人的連結程度。其實，你正在使用的客戶關係管理工具就是最棒的選擇。茲維強調他之所以為這麼說，是因為：「客戶關係管理工具會自動幫你完成很多工作，但人際關係還是需要你花心思來培養。」不管選擇哪種工具，都要不斷練習。客戶關係管理工具的目的不只是讓你更井然有序，更要維繫與他人的連結。

數位連結的規範與禁忌

女作家協會的共同創辦人，同時身為數位媒體創新者的莎拉，對線上連結可說是瞭若指掌。她生於網路崛起並蓬勃發展的年代，也曾對當時的社會與科技變遷進行研究。她針對四大數位困局提供極具參考價值的建議，讓大家在生活與職場中，都能成功建立網路人際關係。莎拉不僅是獲獎的數位媒體創新者，更是《數位奧祕》（*The Digital Mystique: How the Culture of Connectivity Can Empower Your Life—Online and Off*）的作者。

隱私

有次在社群平台上，有朋友上傳我青春期時的照片，使得我的學生竟然能看見這些照片，這令我感到錯愕與不滿。我完全認同莎拉的提醒：「不管在哪個領域，個人隱私都很重要，但在網路上尤其不能輕忽。」莎拉認為如果你是社群平台新手，應該先從最熟識的朋友，也就是現實生活中的友人加起。等你能駕輕就熟地使用這些科技工具，再將個人頁面公開，慢慢擴展交友圈。她建議：「不要害怕分享。如果太過保留，就無法找到具有共同興趣的群眾。讓大家知道你是誰、你在想什麼、讀什麼書、為什麼對某件事物感興趣，以及什麼事能讓你開心、什麼事又會令你苦惱。」

真誠

真誠法則是《人脈，從建立好感開始》的第一章，也是建立各種人際關係的基礎。真誠同時也跟人脈王的第一項思維緊密相繫，那就是抱持開放與接納的心態。莎拉認為我們必須在網路上，公開揭露自己到某種程度。她建議：「在保持真誠的前提之下，我們可以保留某部分的自己，同時展現出自己最好的一面。在網路世界中，若是太惺惺作態，大家都感覺得出來！」莎拉表示：「在網路上盡量用個人特有的方式展現自己，你的存在就會更耀眼，也更能建立屬於自己的網絡和觀眾。」她提醒大家，不要把自己捧成某個領域的專家，而是讓大家自己發現這點。她說：

「只要能盡量分享工作相關資訊，展露你的熱忱、想法跟見解，大家就會慢慢發現你是某個主題的專家。然而，一旦過度分享、發布過多資訊或垃圾郵件，強迫別人接收你的內容，就會失去所屬網絡的信任。」

分享的內容

「在社群平台上該貼什麼？又不該貼什麼？」這大概是大家最擔心也最常問的問題。我們必須掌控自己的內容，以及平台上關於自己的資訊。我會在網路上搜尋自己的名字，檢查網路上是否有不利於自身形象的照片。大家都能這麼做，如果你正在找工作，就更要用這個方法檢查一番。莎拉指出，如果能在網路上盡量釋出關於自己與工作的資訊，就更能掌控自己在網路上的形象，和自己傳遞出去的訊息。她強調：「網路是個充滿資訊的宇宙，不讓自己迷路的唯一方法，是建立強大、明確的形象。」不過，也不要因為在網路上公告了某些資訊，就假設大家都知道這些消息了。每個人都很忙，接收的資訊量也各有不同。有時我也會很驚訝自己竟然錯過某些消息，因為那些資訊只在臉書上流通。莎拉建議：「如果有一些你覺得很重要而且一定要讓人脈網絡知道的事，就把資訊分享給他們吧。」畢竟，社群媒體的目的就是分享資訊和近況。

建立人際關係

在網路上建立連結跟面對面互動一樣，都有必須遵守的禮儀。我們必須花時間來了解他人。莎拉認為在網路上建立的關係，有很大的機會能發展成真實的人際關係。一般來說，人際關係的發展過程如下：「你會透過別人或社群網絡認識對方，互相回應彼此的貼文，也可能會成為網路『好友』。更加了解彼此後，你們或許會在網路平台上進行更多討論，接著開始私下傳訊息或寫電郵。一旦發現彼此能探討更深入的話題之後，就會開始傳簡訊或視訊。」在這個階段，你們就能發展成真正的朋友了。但她跟其他專家一樣，呼籲大家不要一開始就開口索求。這種事很常發生：「有些人會寫冷冰冰的電郵來請我幫忙，信中只簡短提到為什麼他們值得我伸出援手。假如在情境需求之下，寄件者必須以專業口吻來寫信，或是他們是透過人脈轉介，也不需要你花太多時間來幫忙，那不帶感情的信並無傷大雅。」莎拉跟我都一致認同，應該要先建立人際關係再尋求對方的協助。但別忘了，連結只是第一步，維繫連結得持續投入心力才行。

你沒有必要，也不用運用本章提到的每一項訣竅。藉由虛擬平台來互動，以及發揮科技之力來強化人際關係，能作為大家參考以及選擇的起點。藉此找出最適合自己，同時也最符合個人排程與目標的方法。想一想你要跟誰建立連結、為什麼要跟這些人建立連結，同時不忘拓展連結的管道。重點在於，持續連結，迅速擴展人際關係。

重點回顧

我針對連結這個概念所說、所教以及在書中寫下的一切，全都完美體現在 LinkedIn 這個社群平台上。這個平台的任務是讓全球專業人士相互連結，讓他們更具效益、更成功。

追蹤或建立關係。如果不需要與特定用戶建立關係，可追蹤對方的帳號、接收對方的內容，再將他的訊息轉發出去。或者，主動聯繫那些你想建立雙向互動的人，並讓彼此關係從網路世界延伸至真實世界。

展開對話。不要以為對方接受交友邀請，就代表成功建立真正的連結了。請瀏覽他們的個人檔案，尋找彼此的共同點，讓關係得以擴展。不要只是接受交友邀請，要主動展開對話。

互動。發表或挖掘優質內容。比方說，你可以上傳影片、文章或提問，藉此促進對話、交換靈感或資源。或透過按讚、分享或回應其他用戶的貼文來加強互動。

讓個人檔案更臻完美。將個人檔案編輯得比履歷表更完整精美。個人檔案能讓客戶對你的個人品牌有初步認識，更能反映出你的品牌形象。請依照你瞄準的目標市場，量身打造個人檔案。

運用銷售情報。個人檔案中蘊藏豐富資訊，能讓我們用來建立關係。因此，請花時間仔細了解每位潛在客戶或人脈。

專注於人際關係而非交易。請長期經營人脈，不要在關係之初要求他人幫忙、推薦或與你進行生意往來。

運用科技。試著運用客戶關係管理工具來打造資料庫，以紀錄所有聯絡人和對話。這種工具不僅能讓你與對方保持聯繫，也讓對方記住你。

12 打造永續多元的人脈連結

「不必追求成功，但求成為有價值的人。」

——諾貝爾物理獎得主愛因斯坦

在上一個章節，我們談到如何透過不同平台、管道和科技，以多元方式建立人脈。隨著現處階段、年齡、經歷與職涯目標不同，對人脈連結的需求與渴望也會有所差別。在本章，我們會談到如何在阻礙出現時繼續保持連結，並且讓連結的對象更多元。

保持連結的人脈策略

保持連結大概是人脈王的任務中，難度最高的一項。一方面，人脈王不斷累積新的人脈，在聯絡人數量持續擴大的情況下，要跟每個人保持聯繫實在不切實際。另一方面，許多外在環境因素也不停改變。我們有可能會搬家、換工作，小孩也會換學校，人脈連結很容易因此逐漸淡去。一般來說，身邊最緊密的人際關係，通常是在當下最方便維繫、距離最近，或是出於需要而建立的關係。如果不符合這三大條件，人際關係就有可能被我們忽略或隨時間消失。而在這種時候，我們就必須有所意識，努力維持連結。

保持連結不代表每週或每個月都要打電話給對方。有些人際關係我已經維持十幾年了，但我們一年才通一到兩次電話。關係稍稍疏遠並無大礙，不要徹底斷絕就好。如果外在環境因素讓聯絡變得更加費事，可以考慮降低聯絡頻率，或改變溝通管道，讓連結不會全然消失。在換工作和搬家這兩種情況之下，我們最需要運用策略來維繫連結。請參考以下訣竅，學習如何在上述兩種情況發生時保持聯絡。

情境一：搬家或遠距工作的連結方式

我在寫這本書的時候，我的編輯就碰到這種狀況，正好能讓她試試看我的方法管不管用。她剛從東岸搬到科羅拉多州，覺得會**迅速**失去辛苦建立的專業人脈網絡。她問：「妳搬離原本居住的城市時，如何維繫在當地建立的網絡？」很多人都面臨這種困境。蓋洛普調查發現，遠距工作的員工人數每年持續上升，而他們分配在遠距工作上的時間也逐漸拉長。[1] 從共享工作空間逐漸崛起的趨勢來看，就能發現傳統職場型態已迅速轉變。員工不必每天朝九晚五地坐在公司的辦公桌前。這種新趨勢讓大家都能找回工作彈性，這點我非常樂見，但這同時也帶來許多挑戰，例如在維持連結時會碰到更多困難。而且人不在現場或沒有與同事面對面工作，很容易覺得自己好像漏掉什麼資訊。更慘的是，遠距工作會讓人感到**孤單**。

到海外工作、搬家或是遠距工作，這些常見的因素讓我們越來越少與人實際接觸，也讓我們更需要刻意維繫連結。在這個世界上，虛擬連結的型態日益興盛。為了追求新工作和機會，許多人在各地之間奔走遷徙，更使虛擬連結蔚為主流。因此，不要以為搬離原本居住的城市、州或國家，就代表必須放棄在當地建立的連結。在這個年代，維持連結不必受到地理空間的限制。以下提供三大訣竅，讓大家跟身處異地的人脈保持聯繫。

- **運用科技**：如今，每個人都以各種方法相互連結。比方說，我跟助理就是靠虛擬平台來聯絡。她跟我已經合作兩年多了，每週視訊一次。雖然我們從未見過面，但我覺得她就像我的小妹。遠距工作時，我建議大家可以全天候開啟即時通訊軟體或視訊程式。這樣一來，就算無法像在辦公室上班那樣，隨意走到茶水間跟同事閒聊，還是能輕鬆在線上與人對話。

培養遠距離的人際關係非常重要。有了科技的協助，我們能在無法實際見面的情況下維持連結，而相關工具更是多得不勝枚舉。如今，所有社群平台都有訊息功能。像我常常會在臉書上看到有人上線時，就立刻傳短訊說：「看到你上線了，想跟你打個招呼。最近好嗎？」這樣就能讓中學的同窗情誼永續長存。下次在同學會上看見對方時，就不會覺得已經好久不見。就算沒有確切的聯絡理由，你還是能傳訊息，或試著寫封電郵告訴對方：「我最近一直想到你，想跟你聯絡、打個招呼！」如此簡單的小舉動，就能維繫彼此的連結。

- **共享空間**：遠距工作跟在家上班不一樣。只要適時運用科技，加上偶爾面對面開會、交換資訊，就能輕鬆跟同事維持連結。不過，排解孤獨感又是另一回事了。因此，共享工作空間不僅能讓你免去長途通勤之苦，更保有置身工作環境的感覺。我第一次搬到郊區時，住家附近沒有任何共享工作空間。後來我加入由媽咪組成的商業團體，我們創造了專屬共享工作空間。我們幾個人會輪流到對方家工作，共享無線網路。其中有幾個人會共用一張大桌子，其他人則各自在不同房間裡工作，大家的生產力都非常高。我們也會不約而同地在廚房裡喝咖啡、小憩片刻，這感覺就跟在辦公室工作沒兩樣。另外，我也建議大家要出外走動。如果不想感到太孤立，就要隨時變換環境。你可以到附近的咖啡廳坐一坐，或是散個步、跟朋友聊聊天。不管怎麼樣，找個理由出門走走，就算是買午餐也好。
- **主動聯繫**：保持聯絡不是指每天或每週都要講話。對某些人際關係來說，一年聯絡一次就夠了。每年主動跟他們聯繫一次，約個時間來敘敘舊，也可以在LinkedIn上祝賀他們升遷轉職，或是說聲生日快樂。你需要做的其實不多，簡短的訊息或郵件就能讓別人記得你。我覺得手寫卡片也是個很棒的方法，但我實在不擅長，所以很少手寫卡片。我寧願直接打電話聊天。那麼你喜歡哪種方式呢？請找出最適合自己的方法。我有些親戚朋友，每年會發送年度近況更新訊息，讓大家知道過去一年內，他們的生活變動和家中發生哪些大小事。而我則是每年都會辦超級盃派對（Super Bowl party），受邀人數如今已有一百多人。假如有些人不能出席，我也不會感到有壓力，因為就算他們沒能參加，這封邀請函還是成功發揮效用，讓我與對方的連結得以延續。

情境二：離職後的連結方式

在二〇〇〇年初，跟我一起從商學院畢業的同學，有九成都被裁員，我也不例外。而離開職場的原因有很多種，有人是志願暫離職場，像是請育嬰假；有人則是被迫卸下工作，例如被解聘。無論是胡思亂想還是真有此事，沒去上班總會讓人覺得自己難以繼續發展人際關係。你或許會覺得自己無法對他人帶來貢獻，或擔心人脈網絡會覺得你在利用他們。如果你有持續建立連結，不停思考該如何增加價值，那聯絡時機跟就業與否就不會影響人脈連結。如果你才剛開始建立人脈網絡，請確實遵照好感度法則與人脈王思維，利用這些工具來發展穩健的人際關係。不過大家的疑慮我都懂，當初我離開美國大企業準備創業時，就有種跟舊時人脈網絡脫節的感覺。我創業的產業跟以前的財務領域八竿子打不著，因此心中的疏離感就更明顯了。然而，透過跟前同事見面喝飲料、聚餐、參加面對面的商業社交活動，或經由社群媒體來保持聯繫，都讓我得以繼續維持這些關係。時至今日，這些關係仍是我生命中很重要的一塊。

如果還打算重回職場，就一定要在暫離職場的期間繼續維持連結，甚至就算以後不繼續工作了更該如此。《工作．休息．充電》（*Work Pause Thrive*）的作者利森．斯特壯堡（Lisen Stromberg）就提出一些不錯的想法，教大家如何在暫離職場時維持連結。不用擔心，根據利森的研究，八九％的女性在離開職場後還是能順利回歸。如果可以的話，她建議大家不要休息太久，最好能在五年內重返職場。利森分享：「七八%的受訪者都不後悔暫停工作，但休息時間越長，越容易對暫離職場的決定感到後悔。」她也建議大家可以在休息期間拾起動力，投入志工工作。為了擴展人脈網絡，先擬定目標，找出重返職場時想投身的領域，並跟該領域的人建立連結。

我們先前已經提過，要繼續跟前同事保持聯絡。我建議大家隨時追蹤產業熱門議題、知名人士和公司，才不會不曉得該跟業界的人談什麼，就算只是閒暇聊天也是如此。利森也建議要「隨時跟上最新科技，重新返回職場時才會比較順利，也比較不會讓雇主產生偏見，認為你無法即刻替公司帶來效益。」利森給出最後一項建議：「充分運用休息時間，絕對不要為此感到罪惡。花時間好好休息，休息時想做什麼都無妨。休息是過好生活的關鍵，能讓你在個人生活和專業領域都有所成長。」我認為這個概念對那些被解聘的人來說也相當適用。外在情勢讓你有機會可以重新評估下一步，專注思考未來。如果財務上還過得去，就不用趕著重返職場。

連結頂尖人才的六大心法

根據《哈佛商業評論》的研究，相較於成員思考方式相似的團隊，抱持多元觀點的團隊解決問題的速度會更快。[2]多元特質能讓職場環境更有創造力、更創新。而人脈連結的多元程度，以及這些人際關係的質與量，則會決定你的創新程度和影響力。若想更快速且更輕鬆地獲得更好的成效，就必須擴展人脈連結，成為包容人脈王（Inclusive Connector）。

大家都渴望與影響力人士建立連結，跟那些大權在握者、名人、執行長或企業家締結人脈。我們想跟他們學習，想替他們工作，也有可能只是想跟他們聊天小聚。身兼聰明商業革命（Smart Business Revolution）創辦人，與同名 Podcast 主持人的約翰・科爾科蘭（John Corcoran），就寫了〈我是如何請到羅伯・勞在電視上扮演我〉（How I Got Rob Lowe to Play Me on TV）這篇文章。還有誰比他適合分享如何與影響力人士建立連結呢？他可是前任白宮演講稿撰寫人啊！他答應在本書中分享自己在「與影響力人士建立連結」（Connect with Influencers）課程中教授的訣竅。

先做功課。想當然，每次跟新的人脈聯繫時都要先做好功課。以前大家會覺得在認識一個人之前，就知道這麼多關於對方的事，好像在鬼祟地追蹤對方。但現在如果不花點時間了解他人，對方反而會覺得不受尊重。「在這個年代，要查出特定影響力人士或重要人士喜歡什麼、對什麼感興趣，並不是一件難事。只要研究一下他們在不同社群平台上的帳號即可。」約翰如此建議。只要稍微了解對方的背景資料，就能找到切入點，與他們深入對談。

想想自己能貢獻的價值。我們之前已經提過這個概念，要大家先想想能帶給他人哪些協助。雖然不保證對方會有所回報，但這確實會提高他們給予協助的可能。約翰說：「大家都覺得自己不可能替重要人士創造價值，但這個思維是錯的。」我超愛以下這個他分享的故事。他說有一次白宮職員受邀與柯林頓總統短暫會面。「我的家人也專程坐飛機來參加。他們之前聽說總統拿到一台DVD播放器，而且他是早期西部片的影迷。於是，我們就帶了幾部電影給他，還跟他聊西部電影聊了好久，因為這是他非常熱衷的話題。我們就在那裡跟身處權力中心的自由世界領袖說話。跟別人相比，我們跟他互動的時間更長，因為我們將焦點擺在他感興趣的話題上。」約翰相信任何人都能創造價值，舉例來說：「如果你是想在職涯中更上一層樓的人資部員工，可以針對人資產業最受敬重的前十五人撰寫評論。他們可以是曾針對人資這個主題出書的作家，或是在你想進入的頂尖企業任職的主管。藉由這篇評論，你就能彰顯出人資界十五大影響力人士的成就與功績，也讓你有理由跟他們聯絡。這對他們來說就是所謂的價值。」

清楚擬定目標。約翰建議大家「列出清單，寫下在未來一年內，想建立更深厚關係的五十個對象，並將最想優先培養的人脈標註起來。」他並不是要你立刻與所有人聯絡，他解釋：「如果能長期且持續地與他們保持聯繫，成功的機率會大幅提升。」影響力人士一天到晚都會受到別人的請託，卻很少碰到會持續追蹤跟進的對象。如果能辦到這點，他們就會特別注意你。這就是他在白宮謀得全職工作的方法。他表示：「我還在白宮實習時，會跟那裡的職員保持聯繫，把我認為派得上用場的文章段落或演講片段寄給他們。我努力替他們創造源源不絕的價值。」這個方法顯然奏效了，他認識的人脈有一天就打電話給他，說總統信函辦公室（Presidential Letters）正在徵人，他也順利被錄取了。

找出不同連結方式。約翰之所以建議大家列出這麼長的清單，寫下想建立深厚關係的對象，是因為不一定每次都會成功。你不可能每次都跟業界影響力人士搭上線，但這沒什麼好氣餒的。重點在於，盡量找機會與人面對面建立連結。比方說，你可以參加他們出席的會議、跟他們加入同樣的團體，或是邀請他們參加你已經加入的活動。另一個不錯的選擇是採訪。約翰就替自己的部落格和 Podcast 訪問許多人，而為了替各大網站寫文章，他也經常進行採訪。他說：「人們以為採訪的平台很重要，事實並不然。大家都以為應該要替知名出版品寫稿，或是主持具有超高流量的 Podcast 節目才有用，但這個觀念是錯的。我記得有個大學生就跟億萬富翁馬克．庫班（Mark Cuban）聯絡，然後在成功採訪後，把訪談內容放上免費的 Wordpress 部落格中。」

提供有效的幫助。為了擴展人際關係，要找機會替對方創造價值。約翰建議大家可以「直接詢問對方：『你現在需要什麼協助？』或許你可以利用公司的通訊電子報或當地刊物，來幫他們宣傳新書？還是他們需要你在 LinkedIn 上撰寫推薦證言？或是在亞馬遜留下讀者評論，熱烈讚揚他們的著作？**他們**究竟需要哪些協助？」為了這本書我訪問多位專家，每次訪談結束，我都會問他們目前在忙什麼，以及我能幫上什麼忙。伊凡・米斯納說他希望能在媒體上多曝光，所以我也替他介紹幾位媒體界的人脈。在替他創造價值後，我覺得他就不會拒絕幫我寫本書的推薦序，至少在邀約時我也比較開得了口。

積極爭取有益優勢。約翰指出：「很多人都有建立人際關係的能力，但我們應該要更進一步，運用這段關係來協助自己的職業發展。」你必須增加曝光率、提高知名度。約翰也分享名為「最簡可行服務」（Minimum Viable Offer）的技巧，這是一個「低門檻的機會，讓你能跟特定影響力人士建立合作關係。」他就舉了一個例子來解釋這個概念。如果你今天是攝影師，可以用低於一般行情的價格提供人像照拍攝服務。約翰覺得重點是雙方要有金錢交易，交易的金額則是其次，這樣就能建立商業關係，未來對方也更有可能再次聘用你。他說：「主動開口很重要。不說也不問，就做不成生意了。建立人際關係時，到了某個程度你就得積極爭取，否則一切又有什麼意義？」

千禧世代的連結策略

我知道時代一直在變，出身X世代的我對連結的概念，或許跟下一世代的年輕人有所不同。我們必須對各個世代的連結差異有所覺察。千禧世代的人口規模已超越戰後嬰兒潮世代，是美國現存人口數最多的一代。我跟三位來自千禧世代的人脈專家聯絡，向他們討教千禧世代的連結方法，聽聽他們在覺得未與他人連結時會採取哪些策略，了解傑出的千禧青年有哪些值得學習的心態與做法。這三位專家分別是40以下社群網絡創辦人達拉、常春藤創辦人貝瑞，以及 TEDx 講者兼「而立之年，放眼三十億！」創辦人賈德。

建立連結的思維要點

達拉一開始就告訴我她不想代表所有千禧世代發言。這點我完全理解並尊重。她確實有理，每個人都有自己偏好的行事方法。不過千禧世代共有的特點，就是他們會運用科技，有效率地與他人聯繫，而他們使用的科技工具也不斷改變。另一項特點就是他們的機動性很強。千禧世代幾乎隨時隨地都能建立連結，不受地域限制。像達拉就喜歡在通勤途中或拜訪不同客戶的空檔，來迅速傳簡訊或發電郵。她在〈如何在不擾人的情況下有效維繫人脈網絡？〉（How to Nurture Your Network Effectively without Being Annoying）這篇文章中，分享讓聯絡方式更個人化的輕鬆妙招，那就是寄卡片。不夠特別嗎？利用 Bond 這個網站，你就能迅速透過手機或電腦寄送手寫訊息。另外，她也推薦大家使用「卡片寄送」（Send Out Cards）這個客製化卡片網站。

在千禧世代的連結手法中最深得我心的，就是父母替小孩安排玩伴遊戲時間，順便跟其他爸媽社交。千禧世代並不追求工作與生活的平衡，他們要的是**工作與生**

活結合。專業人士會整合私生活和職場活動，同時兼顧這兩個領域。比方說，約想連結的對象一起到網球場或高爾夫球場打球。比起其他世代，千禧世代更常同時處理多件工作，而父母則會運用這項共同連結，找小孩年齡與自己孩子相仿的同事，安排小孩的玩伴時間，大人也能順便維繫連結。我就安排過這種活動。這樣一來，雙方在生活上就會更有共鳴，同時也能強化職場上的專業連結。

擴展連結的三項建議

你也非常懷念大學校園的社交與學術風氣嗎？貝瑞跟你一樣。懷念大學生活的他，共同成立名為常春藤的社會大學，這個組織的宗旨是在全球各大城市，成立以大學學院為靈感的社群。他表示：「大學能在社會、知識和專業層面，與群眾建立深厚且多元廣博的連結。」他認為「有時千禧世代的連結方式不盡理想，因此才會想創辦常春藤。」他也提出以下三項建議，讓千禧世代強化並擴展連結。

- **積極參與**：第一步是選定組織、社群或團體活動，並定期積極參與。藉由加入感興趣的組織，跟現居的城市緊密融合。貝瑞說得很有道理，他建議大家能在高中或大學時從事課外活動，打造多才多藝、能文能武的形象，這樣在校園中就更能被同儕接納，畢業後也更容易找到理想工作：「很多人進入社會後，一有空只會猛看 Netflix 或到酒吧喝酒，所以畢業後更要積極參與團體活動。」貝瑞指出，由於現代人待在一個崗位上的時間平均只有兩年，「工作已經不像以往那樣能帶來身分認同和歸屬感了。大家都是渴望與他人互動的社交動物。」

- **採取行動**：俗話說若要拓展視野，就得行萬里路或讀萬卷書，這個建議我也深感認同。不過獨自讀書或旅行，就少了社群的氛圍。畢竟，覺得自己歸屬於某個群體的感覺非常重要。貝瑞鼓勵大家接下領導人的角色，積極參與自己關心且感興趣的團體與活動，「大家不只要持續參加並投入其中，更要自告奮勇接下有意義的職位或角色。被動參與無法改變你的人生。」
- **全心投入**：培養人際關係需要長期努力，貝瑞也認同這點。他說：「只是志願投入活動一次，是不可能建立長遠人脈的。人脈不會在一夜之間建立而成，而是靠持續互動來培養，這都需要我們的全心投入。」到頭來，要怎麼收穫先怎麼栽。

貝瑞相信只要投入互動，就能建立面面俱到的社交生活。他說：「你的動態牆上只會出現自己加為好友，或是跟你八竿子打不著的名人的消息，因此你必須實際付出心力來建立個人連結與真正的人際關係。」

促進連結的五大舉動

老實說，千禧世代被貼上許多標籤，其中有很多是來自年紀比他們更長的世代。千禧世代背負許多壞名聲，像是被科技綑綁、反應不夠積極、享有特權，以及各式各樣的負面形象。我在第三章提到的超級人脈王賈德，就在寫書時訪問幾位成功傑出的千禧青年。他更進一步認識這些與眾不同的菁英，了解他們有哪些值得仿效的思維與策略，替他們撕下那些負面標籤。以下是他學到能成功促進連結的五大舉動。

一、**撰寫陌生開發電郵**：賈德單靠 LinkedIn 向不認識的人發送訊息，就認識了不起的導師大衛．哈塞爾。三個月後，哈塞爾回覆訊息，他讓賈德進公司擔任實習生，後來更給他一份給薪職位。「最好用有意義的方式來撰寫信件標題，並在其中運用社會認同的概念。」賈德如此建議。如果你跟對方有共同聯絡人，我通常會建議在標題中提起這位聯絡人。而在標題中寫出「簡短」兩個字，也能讓對方卸下心防，讓他願意快速瀏覽訊息。撰寫陌生開發郵件的另一個關鍵，就是針對收件人量身打造信件內容，試著在短時間內替對方帶來價值。賈德強調：「清楚呼籲對方採取行動，讓對方輕鬆答應你的提案。」當你減輕對方的負擔和疑慮，就更有機會強化彼此的關係。

二、**從理想客戶著手**：「盡量跟傑出優秀的客戶合作，你的資歷就會更令人刮目相看。」賈德這麼說。他也一直試著跟聲譽卓著的人建立連結。賈德與哈塞爾之間未涉及金錢的師徒關係，讓賈德被泰爾基金會（Thiel Foundation）看見，受邀參加「二十位二十歲以下傑出青年計畫」（20 Under 20 program）高峰會，他也藉此建立更多人脈連結。這就印證我常掛在嘴邊的一句話：人脈會帶來人脈。

三、**尋找各種等級的導師**：賈德會尋找自己欣賞的優秀導師，但他同時也會在同儕之中，尋找值得學習的傑出導師。這個方法確實很有道理，我就曾跟一位「夥伴教練」互相學習砥礪，彼此合作了大概八年。「寫書的附加成效，就是跟才華洋溢的同輩建立連結。」他表示：「大家都正在歷經相同的人生階段，只不過有的人快一步，有的人慢一步罷了。」

四、高品質對談：高品質對話無關時間長短。賈德建議在對談時，用三成的時間說話，另外七成拿來傾聽。另一個高品質對談的關鍵，就是詢問開放式問題。賈德表示：「我會傾吐自己的弱點，告訴對方我正經歷哪些挫折，同時也會思考如何替對方創造價值。」

五、創造追隨者：賈德指出跟從前相比，媒體的影響越來越普及。大家都能透過社群媒體、廣發電子郵件或是成立 Podcast 節目來吸引追隨者，這些方法的成本都很低。他建議：「向群眾分享自己的專長、靈感、資源和操作手法。當你提升曝光度後，很快就會有人來找你合作，討論結合彼此的專長和優勢，甚至連競爭對手也不例外。」這項建議不僅適用於傳統雇員，自由工作者或創業人士也能參考。到大企業求職時，公司審查的第一關，就是到網路上搜尋應徵者的資料和名聲。

成為包容人脈王的三項訣竅

在當今的社會風氣中，尊重多元和培養文化覺察力（cultural awareness）比其他事情更為重要。因此，大家說話時會更謹慎敏銳，也更強調所謂的政治正確。雖然多數個體跟組織常常不太確定該如何落實包容性思維，但我相信他們都不斷朝這個方向努力。

我原本不打算在書中開闢這個章節，但是跟許多人交流，聽到不少故事之後，我就決定要想辦法幫助大家成為包容人脈王。第一則讓我非常有感觸的故事是薇奧拉・湯普森（Viola Thompson）發表的社論。她是資訊科技資深管理論壇（Information Technology Senior Management Forum）的主席兼執行長，身為黑人女性的她，在由男性主導的科技業中算是少數。

有一次我出席一場少數族群的科技領導人會議，與會人士紛紛自我介紹，自豪地分享自己的族裔。會場上有一名白人女性，還沒輪到她發言時，她一直在想：「我幹麼來這裡？我跟這些人的背景完全不一樣。」她不斷掙扎，不知道究竟該說什麼。後來她告訴我們，身為會場上「唯一」一位白人的她，頭一次體會到身為少數族群的感受。這種感受非常深刻。藉此機會，那名女子能一窺在美國大企業上班的有色人種，每天心中會有哪些感受。其他與會人士熱烈歡迎這名女子，她非常感謝大家都這麼親切，不過這也讓她反思自己之前在類似情況下，是否有展現出包容接納的胸懷。

讀到薇奧拉分享的故事，我也回頭審視自己在類似情境下的行為。身為超級人脈王與利基人脈王，就得擴展並深化人脈網絡。為了達到這個目標，你不能只跟相仿的人互動往來，而是要讓人脈網絡更繽紛多元。然而，通常我們很難一眼看出別人與自己的相似之處，但差異往往顯而易見。因此首先，我們必須克服心中不自在及尷尬的感覺。

我跟羅比・賽謬爾斯（Robbie Samuels）聯繫，身為跨性別男性的他著有《可頌vs.貝果：有效、包容的策略性商業社交》（*Croissants vs. Bagels: Strategic, Effective & Inclusive Networking at Conferences*，詳見CroissantsvsBagels.com）。我向他討教如何成為更具包容力的人脈王，我們也一起想出三項訣竅，打造讓群眾更願意站出來、盡情展現自我的場域。

認識並接納心中的獨角獸

有時候我們會覺得自己好像是異類，跟群體格格不入。這種經驗大家都有。我第一天到證券交易所上班時就有這種感覺：舉目所及，除了我跟一名財務主管的助理之外，就沒有其他女性員工了。當時是二〇〇〇年代，對這種現象我非常驚訝。除了性別之外，我的體型也跟其他人有一段落差。要在那邊上班，彷彿還得達到一定的身高標準，因為所有人都超過一八〇，比不到一五〇的我高出一大截。

我就是交易所中的獨角獸，在俗諺裡大家會用獨角獸，來指稱團體中顯眼、格格不入的個體。如果你是頭**獨角獸**，就代表你是現況中的特例，要不是長相獨特，就是舉止與他人不同。有時候在團體中特別顯眼是種優勢，有時也會讓人覺得自己是少數弱勢。當走進人群眾多的空間時，我們會立刻看出自己與他人的顯著與隱晦差異。這種現象可能會令你退縮、感到無力，**但**你也可以敞開懷抱，接納內心與外在的獨角獸。

你之所以與他人不同，有時是外在環境所致。例如：身為全場中的少數族群，或女性會議中唯一的男性等。另一種原因則是自身條件。以我為例，嬌小的體型讓我從小被笑到大。我承認自己確實有幻想過在參加高中同學會時，可以長到一八〇。不過，有些事我們就是無法改變，而很多事我們也不想改變。與其感到自卑，我會在別人開我玩笑之前先自嘲，化解尷尬及不自在的感覺。我不再將身高視為缺陷，反而將嬌小的身形當成一種身分。這點與第一項思維相呼應，那就是抱持開放與接納的心胸，尤其在對待自己時更不能忘記這點。大家都是獨角獸。我們都能找出自己的獨特之處，並分享、接納這些特點。想成為包容人脈王，首先得接納自己。

強調相似之處而非差異

為了提升人脈王等級，你必須擴展人際關係的類型。羅比非常推崇所謂的極端包容心態。他說這種心態「就是去思考自己能怎麼做才可以讓大家完全站出來，在共處的空間裡展現更多與更全然的自我，不要去區分彼此的身分。」該怎麼做呢？最重要的方法是：「不要強調彼此的差異，而是將重點擺在相似之處。」一旦強調彼此的差異，就會產生隔閡。

根據相似法則和類我偏誤（similar-to-me bias）❶，我們傾向跟與自己類似的人相處。因此在擴展交友圈時，很容易看出對方與自己的差異。如果今天碰到能讓人脈網絡更多元的對象，而他的過往經驗、教育背景、人生目標，或年齡、性別等因素與你不同，請不要強調彼此的差異，這樣反而會將對方排除在外。

❶【譯注】類我偏誤，指對方跟自己越像，我們對他的評價就會越正向，也更喜歡和他們相處互動。

但羅比提到，強調差異的語句通常聽起來都很無害，例如：「哇，你好高。你幾公分？」或是「你的名字好有異國風情喔！」聽到他這麼說時我還冒了一點冷汗，我以爲這些話有助於開啟話題。我常常會評論別人的名字說：「這個名字好美。」或是問對方名字怎麼拼，這樣我才不會忘記。羅比要我別緊張，他說我這樣是在展現對他們的興趣與欣賞，而不是強調彼此的差異或讓他們覺得自己是異類。如果想判斷某些話題是不是在強調差異，他建議：「可以在內心想一下，這個特徵是他們自己選的還是與生俱來的？」如果是他們選擇的，應該就會很樂意跟你聊。

擁有歡迎他人的心態

在生命中，我們偶爾會覺得缺乏歸屬感。因此，如果想成為包容人脈王，就要培養歡迎他人的思維。但要記住：邀請別人來參加活動，跟歡迎他人並不相同。除此之外，不僅個人得培養這種思維，組織也不例外。薇奥拉想起有次公司舉辦合夥人會議，而他們的配偶跟愛人也受邀參加。然而，公司預設合夥人的另一半是女性，所以應該會對美容療程感興趣。因此替合夥人的伴侶安排全天候的SPA活動。她建議組織拋開這種先入為主的假設，想想「你希望他們擁有什麼樣的一天，確保安排的活動適合各種性別、年齡、種族或族裔的參與者。」

在我加入的全國專業講師協會分會中，我們會在新成員身上貼金色星星，將他們稱為重要貴賓。舊成員看到這些星星時，會特別努力和他們交談，替他們介紹協會環境。而在我最近舉辦的講座中，主辦單位特別調查參與者的身分，將支持相同慈善單位的人排同桌。參與者因此能立刻找出彼此的共通點，輕鬆展開對話。重點在於，想辦法讓不同層級的人有機會互動，讓群眾跟平常少有往來的人接觸。

羅比建議活動策劃者「稍加留意，看看能滿足參與者的哪些需求，來讓他們感到更輕鬆自在」。就算你不是活動主辦人，還是能展現這種思維：你仍然能以包容人脈王的身分來與他人互動。而要做到這點，只需想想你希望別人怎麼歡迎自己，然後用同樣的方式來對待他人。比方說，尋找會場中落單的參與者。歡迎思維的重點，就在於跟那些落單者接觸，不讓他們感到孤立。另外，留意肢體語言、物理空間還有眼神接觸，你能利用這三項要素來邀請他人參與團體對話。比方說，預留空間讓他人能與團體更親近，或者他們靠過來時立刻挪出位置邀請他們加入對話，又或是跟團體裡的所有人眼神接觸，就算對方尚未發言也不例外。或者，在休息時間向新加入者自我介紹，接著再介紹其他成員。如果你認識主辦單位或其他參與者，也可以詢問對方想跟誰碰面，幫他們建立下一個連結。

思維任務

翻轉思維測試法

克莉絲汀在年營收百億美元的醫療診斷公司，擔任人資部全球主管，她用另一種角度來教大家展現包容的心胸。在她的 TEDx 演講「你存有偏見嗎？我有。」（Are You Biased? I Am）中，我學到「**翻轉思維測試法**」（Flip It to Test It）這項技巧。[3] **無意識的偏見**，是我們在建立多元人脈時會碰到的挑戰。當大腦在我們未覺察的情況下，迅速對人事物做出判斷和評價時，就會產生無意識的偏見。而偏見也會受我們的背景、文化環境和個人經驗所影響，並進一步左右我們的決定。

克莉絲汀跟我說她在挑選適合擔任主管職位的人選時，對女性領導者帶有偏見。這點令我深感困惑，畢竟她自己就是女性領導者啊。她解釋：「雖然我靠自己的力量撐起六口之家，但我這輩子接觸的文化、社會等各項外在因素，累積成極大的效應，使我無法擺脫這項偏見。」為了對他人更包容、接納，她說與其假裝偏見不存在，「當我們認為『他人的身分背景不符合文化規範』時，我們應該有所自覺，然後再翻轉自己的思維來測試心中是否存有偏見。」她指出翻轉思維的目的，是讓自己做出清醒、有意識的決定。

那正是翻轉思維測試法的重點。而實際操作方式如下：自己替換對方與主流或常規相悖，有可能造成偏見的特質，如性別、年紀、種族、族裔或性向等。在腦中移除某個特質後，看看自己對特定人事物的看法是否會改變。舉例來說，如果你在面試應徵者時，認為女性候選人的態度較傲慢，用翻轉思維測試法來看看如果候選人是男性，自己是否還會有相同感受。翻轉思維測試法其實是種正念技巧，能夠讓大腦停止在無意識的狀況下運作，進而在高度意識之下做決定。停下來翻轉思維，能讓你的心智再次清醒。這個方法不以譴責他人為出發點，而是讓人進入探索模式，我也非常喜歡這個策略。畢竟，好奇是改變的關鍵。如今這項技巧已經滲進我的思維之中，我會不時測試自己的想法，發現自己原來比想像中更容易產生偏見。

人脈連結的核心價值

我決定將包容人脈王的段落放在本書結尾，因為這就是人脈王思維的關鍵：與形形色色的人建立連結時的喜悅、好奇與興趣。人脈王或許天生就具備這些思維和行動，但這些心態和舉止也有可能是花時間養成的。人脈王說穿了就是重視連結價值，將人際關係擺第一的人。他們建立、強化和扶持人際關係，並堅信這些關係也會反過來協助自己。

有些讀者可能會想：「意義何在？」坦白說，不管是跟另一個世代的人、影響力人士還是與自己不同的人建立連結，發展人際關係時你不一定會知道這有什麼意義。然而，讓人脈網絡更多元，你就能擴展自己的思維、增加取得資訊的管道，並更快獲得不同資源、訊息以及與各種人接觸。如果想獲得人脈王的益處，就要持續建立人脈連結。同時，跨出舒適圈，多了解那些看起來、聽起來不像你，說話或思考方式也跟你不同的人，從他們身上多多學習。此外，也別忘了跟興趣、教育背景和經驗各異的人互動連結。具有人脈王心態的人，對建立關係的過程抱持信念：就算一開始不知道最後能獲得什麼成效，人脈王知道真正的人際關係能帶來真實的效益。

重點回顧

保持連結。如果你是遠距工作者，可以利用視訊或是即時通訊軟體來對話，就像在公司茶水間裡和同事閒聊那樣。另一方面，也別忘了：不是所有關係都得靠頻繁聯絡才能茁壯延續。

讓人脈連結更多元。建立多元人脈網絡，比方說，納入各種階級的同事，以及個性和興趣各不相同的人，這樣就能提升你的創造力和影響力。

與影響力人士建立連結。想想能替他們創造哪些價值，找機會和本人實際建立連結。

千禧世代的成功祕訣。千禧世代會主動聯繫想合作的對象，並尋找各個等級的導師，其中包含同儕。

成為包容人脈王。培養歡迎他人的心態，邀情他人加入對話、進入團體。但在與他人互動時不要強調彼此的差異，而是著重在彼此的相似之處。

擁抱內心的獨角獸。大家都是獨一無二的。如果你覺得在活動中大家都跟自己不一樣，就寬心接受這個事實。如果想成為包容人脈王，你得先包容自己。

結論 付諸行動，享受人脈複利成果

「行動是成功的關鍵。」

——現代藝術巨擘畢卡索

「重點不在於知道多少，而是認識什麼人。」這句話大家都耳熟能詳，但很少人了解人際關係能對生活帶來哪些實際效應。事實上，有了人脈連結後，我們就能發揮更大影響力，也能更迅速且更輕鬆地獲得更佳的成果。這就是人脈王全心去實踐的人生哲學。

在本書開頭，我問大家想達成什麼目標，以及想變成哪個等級的人脈王。現在大家該將在書中學到的概念付諸行動，來達成自己設立的目標了。我們必須評估自己目前具備的思維，了解應該培養哪些心態來提升自己的連結度。因此首先，請你運用以下表格來自我評估，用一到五分（由低至高）來判斷每項思維目前的能力等級。接著，規劃屬於自己的行動計畫，成為最適合自己的人脈王類型。

思維	描述	能力等級（一到五）
開放與接納	你心態開放，願意跟別人分享各個面向的自己。 你不會在別人面前故作堅強或築起心牆。你願意展現脆弱的一面。 你接納自己，包容自己獨特的魅力，也會在需要時跨出舒適圈。 你會以同樣的心態來接納他人的優點與缺陷。	
清楚的目標	不管是半年還是十年計畫，你都清楚知道自己正在努力的方向。 你知道達成目標需要哪些要素。 為了實現理想，你願意開口向他人求助並接受幫忙。	
富足	你相信自己擁有充足資源，不會出於恐懼而做決定。 你會從現況中找出機會，不會拿別人跟自己比較並自我批判。	

信任	你相信人通常是值得信賴的，也願意給予他人信任。你信任自己，也會努力在互動中展現真誠、脆弱的自我，而你的行事也光明正大、言行一致，讓別人對你感到信任。	
社交與好奇	你享受建立人脈的過程，也會運用最適合自己的社交方式。你好奇心十足，會試著傾聽、了解他人，找出彼此的共同點以及增加價值的機會。你知道內向和外向性格者在建立連結時，都有與生俱來、各不相同的強項。	
勤勉審慎	你會實踐承諾，跟重要關係人清楚報告工作進程。你知道何時該拒絕以及如何答應請求，因此不會隨便接下無法落實的請託或任務。	
慷慨大方	你崇尚慷慨精神，相信創造價值的方法有非常多種。你知道身為熱情積極的人脈王有可能落入哪些險境，所以會劃定界線來減低風險。你對自己和他人都慷慨大方。	

無論是在家、在社群中或職場上，人際關係的品質都會對生命帶來各種影響。當然，人脈網絡的深度與廣度取決於你。而以下幾類人際關係，都非常值得好好留在交友圈中。

支持擁護者：組織中具有決策權的人，都是潛在的支持擁護者。掌握決策權的他們，有能力決定你是否能升遷、加薪，以及獎金分紅的額度和工作分配。因此，必須讓他們信任你、為你說話，甚至站出來為你而戰，他們才能有效發揮支持擁護者的功能。當你與越多支持擁護者連結，你的職涯就越有可能一飛沖天。

加油打氣者：他們是一路上鼓勵你、帶給你自信的同儕、朋友甚至是家人。就算你有時對自己有所質疑，他們也會在必要時對你信心喊話，對你抱持信念。我們都需要加油打氣者陪我們度過挑戰、險境和挫折，並跟他們一同歡慶成功。

導師：導師就像經驗豐富、值得信賴的顧問，在你的職涯發展中扮演重要角色。他們具備你渴望獲得的專業技能，你也能從他們身上學到不少。當然，組織內外的人都可以是導師，他們也能提供各式各樣的協助。而導師越多，你能學到的技能就越多，進步的幅度也越大。

追隨者：如果沒有人想追隨你，你就無法帶頭領導。所以在職涯中逐漸往上爬時，絕對不能忘記回過頭拉拔後進，像當初受人幫助那樣伸手拉別人一把。追隨者願意替你工作，替你締造最佳成效。因此，滿足團隊的需求，展現對他們的重視，讓他們知道你很關心他們重視的事，他們自然就會追隨領導者了。

智囊團：智囊團規模越大越好。你能跟他們討論靈感、操作手法跟計畫，並徵詢他們的意見。他們也會挑戰你的想法，讓你在資訊更充分的狀況下做決定。當你選擇跟意見、看法不同的人建立連結，他們就能刺激你的思維，拓展你的視野。

知己密友：知己密友跟智囊團不同。你能跟知己密友宣洩情緒、傾訴心事和吐露祕密。如果你將組織中熟悉組織政治的人視為知己，務必確保他們值得信任。組織外的人或許不了解組織內的情況，但他們能讓你安心抒發內心挫折。

思考你身邊目前是哪些人擔任上述角色，以及還欠缺哪個角色。找出能填補空缺的人，主動向他們聯繫。在建立關係的過程中，記住我在本書所提出的概念，努力為人脈締造互利互惠的關係。畢竟，如果想真心建立連結，單一互動是不夠的。

世界超小，這點我非常喜歡，而這本書的目的就是讓世界變得更小。每個人在生命中都需要人際關係與連結。如同我在本書開頭所說，人脈王之所以能擁有開心、滿足的感受，享有成功與富足的成果，並不是因為他們天生好運，而是他們擁有人脈連結，這你也辦得到。雖然這麼說令人意外，但擁有人脈跟拓展連結其實有天壤之別。**拓展連結是你採取的行動，而人脈王則是你的身分。**

致謝

我要謝的人太多了！對我來說，家人不僅是起點也是終點，所以我永遠也不知道是該在開頭還是最後感謝家人。謝謝老公麥可，我說想再寫一本書時，他用一種「妳瘋了嗎！」的語氣說：「什麼？」我冷靜地說：「我想教讀者一些事，想跟他們分享一些想法，想對他們說一些話。」他聳肩說：「好吧，有道理。」在撰寫這本書的過程中，他始終給予支持與協助。謝謝兒子詹姆斯跟諾亞，感激你們對我的工作有著濃厚興趣，也一直是我的動力來源。我也要感謝大家族給予的愛跟鼓勵。我要特別感謝姊夫雷・梅爾斯（Ray Meyers），本書的最後一句話就是受他所啟發。謝謝媽媽瑪格多年來給我許多金玉良言和智慧。謝謝爸爸亞瑟教我要對自己有信心，我也要特別謝謝姊姊艾普利不斷啟發我的靈感，以身作則當個完美的人脈王。

謝謝我的靠山艾比・卡托尼（Abby Katoni）跟蕾貝卡。謝謝妳們陪我重建信心、聽我訴苦、給我建議和鼓勵。我真的很感謝妳們，也很感激妳們出現在我生命中。謝謝艾琳・博德威（Erin Budwick）跟瑪麗亞一路以來的建言和點子。

約翰・卡茲曼（John Katzman），謝謝你不吝提點我、教導我，甚至還幫忙介紹人脈。你在一場對談中針對這本書給的建議，讓我靈光一現，決定在書中納入眾多專家的智慧。謝謝你葛拉威爾，很開心你願意成為本書的一部分。

謝謝丹妮絲和莎拉成立女作家協會，謝謝妳們提供的建議跟介紹的人脈，我也非常感激妳們願意在書中貢獻所長。謝謝所有在書中分享自身故事，或幫忙介紹人脈的人。不管你們介紹的人脈最後是否出現在書中，我都要獻上謝意。

感謝所有貢獻時間、知識和想法的專家，你們讓這本書變得無比豐富、有價值：艾里・荷瑞、貝瑞・莫瑞克、查德・利特菲爾（Chad Littlefield）、查爾斯・貝斯特、達拉・布魯斯坦、丹妮絲・布羅索、丹尼斯・布朗、朵利・克拉克、伊麗莎・卡瑪霍・佩姬、艾瑞克・葛罕、伊凡・米斯納、潔米・馬斯特、詹姆斯・卡貝瑞、賈德・克雷恩爾、約翰・科爾科蘭、喬丹・哈賓格、克莉絲頓・拉莫赫、克莉絲汀・普雷斯納、琳賽・強生、利森・斯特壯堡、馬歇爾・葛史密斯、瑪莉・洛福德、馬修・波勒、邁克爾・李・斯塔拉、瑞秋・歐蜜拉、蕾貝卡・斐瑟・羅德斯科、蘿比・凱爾曼・巴克斯特、羅比・賽謬爾斯、萊恩・福蘭德、莎拉・格蘭傑、蘇珊・蘿安、薇奧拉・湯普森與茲維・班德。

謝謝梅根・楚勒弗（Meeghan Truelove），謝謝妳介紹優秀的編輯凱瑟琳・歐西亞伊凡斯（Kathryn O'Shea-Evans），能跟她合作真的機會難得。凱瑟琳，我超愛跟妳共事的。另外，我也要謝謝我的死忠讀者，謝謝你們讀我的信、針對封面給予回饋。我也要特別感謝近八百名願意接受調查的讀者。提到研究調查，我也要感謝蒙特克萊爾州立大學（Montclair State University）的史黛西・凱斯勒（Stacy Kessler）挑選訪問題目，也謝謝崔佛・克里斯弗斯基（Trevor Kresofsky）分析數據。感謝構想出「人脈王俱樂部」的亞諾多，你帶給這本書許多靈感。

最後，我也要向 Page Two 的全體製作團隊獻上感激與謝意。第一個要謝的就是崔娜・懷特（Trena White）。第一次聊天時，我就知道我們的連結永遠不會斷。謝謝妳願意當我的夥伴、跟我合作，並給予扶持。

參考資源

書籍

Ask Powerful Questions，作者：Will Wise

Connection Culture，作者：Michael Lee Stallard

Croissants vs. Bagels，作者：Robbie Samuels

The Digital Mystique，作者：Sarah Granger

The 11 Laws of Likability，作者：Michelle Tillis Lederman

Entrepreneurial You, Reinventing You，作者：Dorie Clark

Frientimacy，作者：Shasta Nelson

Giftology，作者：John Ruhlin

How to Create Your Own Luck，作者：Susan RoAne

How to Work a Room，作者：Susan RoAne

The Membership Economy，作者：Robbie Kellman Baxter

Mindset，作者：Carol Dweck

Pause，作者：Rachael O'Meara

Reinventing You，作者：Dorie Clark

Road Map for Revolutionaries，作者：Elisa Camahort Page

The Secrets of Savvy Networking，作者：Susan RoAne

Stand Out，作者：Dorie Clark

3 Billion Under 30，作者：Jared Kleinert

The Tipping Point，作者：Malcolm Gladwell

2 Billion Under 20，作者：Jared Kleinert

What Do I Say Next?，作者：Susan RoAne

Work PAUSE Thrive，作者：Lisen Stromberg

專家網站

Chad Littlefield and Will Wise: WeAnd.me

Darrah Brustein: Darrah.co

Denise Brosseau: ThoughtLeadershipLab.com

Dennis Brown: AskDennisBrown.com

Dorie Clark: DorieClark.com

Elisa Camahort Page: ElisaCP.com

John Corcoran: SmartBusinessRevolution.com

Jordan Harbinger: JordanHarbinger.com

Lisen Stromberg: LisenStromberg.com

Marshall Goldsmith: MarshallGoldsmith.com
Mary LoVerde: MaryLoVerde.com
Michael Lee Stallard: MichaelLeeStallard.com
Lindsay Johnson: TheRadicalConnector.com
Robbie Kellman Baxter: PeninsulaStrategies.com
Robbie Samuels: RobbieSamuels.com
Ryan Foland: RyanFoland.com
Sarah Granger: SarahGranger.com
Susan RoAne: SusanRoAne.com

公司與資源網站

Alyce: Alyce.com
Bond: Bond.co
Contactually: Contactually.com
Donors Choose: DonorsChoose.org
FutureLeaderNow: FutureLeaderNow.com
Gateway to Innovation: G2IConference.com
Intern Queen: InternQueen.com
Send Out Cards: SendOutCards.com

Women's Startup Lab: WomenStartupLab.com

Podcasts

B2B Growth: B2BGrowthShow.com

Eventual Millionaire: EventualMillionaire.com

The Introvert's Edge: MatthewPollard.com/TheIntrovertsEdge

The Jordan Harbinger Show: JordanHarbinger.com/Podcast

World of Speakers: SpeakerHub.com/SkillCamp

成員組織

Business Network International: BNI.com

Coaches, Trainers, and Consultants LinkedIn group: linkedin.com/ groups/2980318

ConnectorsClub: linkedin.com/groups/1053417

GirlFriend Circles: GirlFriendCircles.com

Information Technology Senior Management Forum: ItSmfonline.org

Ivy: Ivy.com

Network Under 40: NetworkUnder40.com

Society for Information Management: Simnet.org

Young Entrepreneur Council: YEC.com

注釋

1 人脈是生涯複利的關鍵

1. Nikki Waller, "How Men & Women See the Workplace Differently." *Wall Street Journal* (September 27, 2016): http://graphics.wsj.com/how-men-and-women-see-the-workplace-differently/.
2. Peter Economy, "This Person's Help Will Make You 5 Times More Likely to Get Promoted," *Inc.* (November 13, 2017): www.inc.com/peter-economy/this-persons-help-will-make-you-five-times-more-likely-to-get-promoted.html.
3. Lou Adler, "New Survey Reveals 85% of All Jobs Are Filled via Networking," LinkedIn (February 29, 2016): https://www.linkedin.com/pulse/new-survey-reveals-85-all-jobs-filled-via-networking-lou-adler/.
4. Lydia Dishman, "How You'll Search for a Job in 2017," *Fast Company* (January 10, 2017): https://www.fastcompany.com/3066700/how-youll-search-for-a-job-in-2017.
5. Valentina Zarya, "Female Founders Got 2% of Venture Capital Dollars in 2017," *Fortune* (January 31, 2018): http://fortune.com/2018/01/31/female-founders-venture-capital-2017/.
6. Grace Miller, "38 Referral Marketing Statistics That Will Make You Want to Start a RAF Program

Tomorrow," *Annex Cloud* (March 3, 2016): https://www.annexcloud.com/blog/39-referral-marketing-statistics-that-will-make-you-want-to-start-a-raf-program-tomorrow/.

7. Ivan Misner, "What Percentage of Your Business Do You Get from Referrals?" IvanMisner.com blog post (August 18, 2008): http://ivanmisner.com/what-percentage-of-your-business-do-you-get-from-referrals/.
8. Harvey Deutschendorf, "Why Emotionally Intelligent People Are More Successful," *Fast Company* (June 22, 2015): https://www.fastcompany.com/3047455/why-emotionally-intelligent-people-are-more-successful.
9. Zameena Mejia, "Harvard's Longest Study of Adult Life Reveals How You Can Be Happier and More Successful," CNBC (October 31, 2017): https:// www.cnbc.com/2017/10/31/this-harvard-study-reveals-how-you-can-be-happier-and-more-successful.html.
10. J. Holt-Lunstad, T.F. Robles, and D.A. Sbarra, "Advancing Social Connection as a Public Health Priority in the United States," *The American Psychologist* 72, no. 6 (2017): 517–530. doi:10.1037/amp0000103.
11. Emma M. Seppälä, "Connect to Thrive," *Psychology Today* (August 26, 2012): https://www.psychologytoday.com/us/blog/feeling-it/201208/connect-thrive.
12. Christine M. Riordan, "We All Need Friends at Work," *Harvard Business Review* (July 3, 2013): https://hbr.org/2013/07/we-all-need-friends-at-work.
13. Gallup, "State of the American Workplace," Gallup.com (February 2017): http://news.gallup.com/

reports/178514/state-american-workplace.aspx.

14. Drake Baer, "Harvard Professor Finds that Innovative Ideas Spread Like the Flu; Here's How to Catch Them," *Fast Company* (January 17, 2013): https://www.fastcompany.com/3004829/harvard-professor-finds-innovativeideas-spread-flu-heres-how-catch-them.

15. Towers Perrin, "Working Today: Understanding What Drives Employee Engagement," Retrieved from http://www.keepem.com/doc_files/Towers_Perrin_Talent_2003%28theFinal%29.pdf.

16. Robbie Kellman Baxter, "How to Seize the Membership Economy Opportunity to 5x Your Company," *Subscription Growth Podcast* (September 12, 2017): http://robertskrob.com/seize-membership-economy-opportunity-5x-company/.

17. Daniel McCarthy and Peter Fader, "Subscription Businesses Are Booming. Here's How to Value Them," *Harvard Business Review* (December 19, 2017): https://hbr.org/2017/12/subscription-businesses-are-booming-heres-how-to-value-them.

18. Peter Schmidt, "A Major Barrier to Alumni Giving: Graduates' Mistrust," *The Chronicle of Higher Education* (November 6, 2015): https://www.chronicle.com/article/A-Major-Barrier-to-Alumni/234100.

19. Bright Local, "Local Consumer Review Survey," (2017): https://www.brightlocal.com/learn/local-consumer-review-survey/.

20. Grace Miller, "38 Referral Marketing Statistics that Will Make You Want to Start a RAF Program Tomorrow."

21. Amy Edmondson, "Psychological Safety and Learning Behavior in Work Teams," *Administrative Science Quarterly* 44, no. 2 (June 1999): 350.
22. Bruce Temkin and Aimee Lucas, "Employee Engagement Benchmark Study, 2017," Temkin Group Insight Report (March 2017): http://www.temkingroup.com/wp-content/uploads/2017/05/1703_EEBenchmarkStudy17_fINaL.pdf.

3 你是哪種等級的人脈王？

1. Malcolm Gladwell, *The Tipping Point: How Little Things Can Make a Big Difference* (Boston: Little, Brown, 2000), 38.
2. Malcolm Gladwell, *The Tipping Point*, 46.

4 心態一：心胸開闊、樂於接納

1. Scott Hays, "American Express Taps Into the Power of Emotional Intelligence," Workforce.com (July 1, 1999): http://www.workforce.com/1999/07/01/american-express-taps-into-the-power-of-emotional-intelligence/.
2. 周哈裡窗這套模型，最初是被發表在《團體發展西方訓練實驗室會議論文集》（*Proceedings of the Western Training Laboratory in Group Development*）中。本論文集是在一九五五年，由加州大學洛杉磯分校辦公室（UCLA Extension Office）出版。全文請見：http://www.mbdi.com/workshoprefmaterials/Johari _Window.pdf.

3. Art Markman, "Do You Know What You Don't Know?" *Harvard Business Review* (May 3, 2012): https://hbr.org/2012/05/discover-what-you-need-to-know.
4. Leonid Rozenblit and Frank Keil, "The Misunderstood Limits of Folk Science: An Illusion of Explanatory Depth," *Cognitive Science* 26, no. 5 (2002): 521–562. doi:10.1207/s15516709cog2605_1.
5. 推論階梯最初是由組織心理學家克里斯・阿吉里斯所提出。後來，彼得・聖吉（Peter Senge）在《第五項修練》（*The Fifth Discipline*）中運用這套模型。詳細書目資料：*The Fifth Discipline: The Art and Practice of the Learning Organization* (New York: Doubleday, 1990).

6 心態三：富足思維

1. Jacob Morgan, "The Top 10 Factors for On-the-Job Employee Happiness," *Forbes* (December 15, 2014): https://www.forbes.com/sites/jacobmorgan/2014/12/15/the-top-10-factors-for-on-the-job-employee-happiness/#33ea87715afa; and Rainer Stack, Carsten von der Linden, Mike Booker, and Andrea Strohmayr, "Decoding Global Talent," The Boston Consulting Group (October 6, 2014): https://www.bcg.com/en-us/publications/2014/people-organization-human-resources-decoding-global-talent.aspx.
2. The Redbooth Team, "Everybody's Working for the Weekend, But When Do You Actually Get Work Done?" Redbooth.com blog (November 15, 2017): https://redbooth.com/blog/your-most-productive-time.

8 心態五：樂於社交、富有好奇心

1. Carol Dweck, "What Having a 'Growth Mindset' Actually Means," *Harvard Business Review* (January 13, 2016): https://hbr.org/2016/01/what-having-a-growth-mindset-actually-means.

9 心態六：勤勉審慎思維

1. M. Brent Donnellan, Rand D. Conger, and Chalandra M. Bryant, "The Big Five and Enduring Marriages," *Journal of Research in Personality* 38, no. 5 (October 2004): 481–504. Retrieved via Marelisa Fabrega, "19 Ways to Be More Conscientious," Daring to Live Fully: https://daringtolivefully.com/how-to-be-more-conscientious.

10 心態七：慷慨思維

1. JoshPalerLin, "How Does a Homeless Man Spend $100?" YouTube.com video (December 22, 2014): https://youtu.be/aUBtadI7zuY.
2. Michelle Tillis Lederman, "#365LivingGiving," YouTube.com video (May 4, 2015): https://youtu.be/7P0HLt3N-50.

11 社群人脈與科技工具

1. "CTC (Coaches, Trainers, & Consultants) Connections," LinkedIn group: www.linkedin.com/groups/2980318.

2. "ConnectorsClub," LinkedIn group: www.linkedin.com/groups/1053417.
3. CareerBuilder, "Number of Employers Using Social Media to Screen Candidates at All-Time High, Finds Latest CareerBuilder Study," CareerBuilding press release (June 15, 2017): http://press.careerbuilder.com/2017-06-15-Number-of-Employers-Using-Social-Media-to-Screen-Candidates-at-All-Time-High-Finds-Latest-Career-Builder-Study.

12 打造永續多元的人脈連結

1. Niraj Chokshi, "Out of the Office: More People Are Working Remotely, Survey Finds," *New York Times* (February 15, 2017): https://www.nytimes.com/2017/02/15/us/remote-workers-work-from-home.html; and Gallup, "State of the American Workplace."
2. Alison Reynolds and David Lewis, "Teams Solve Problems Faster When They're More Cognitively Diverse," *Harvard Business Review* (March 30, 2017): https://hbr.org/2017/03/teams-solve-problems-faster-when-theyre-more-cognitively-diverse.
3. Kristen Pressner, "Are You Biased? I Am," TEDx Talks YouTube.com video (August 30, 2016): https://youtu.be/Bq_xySOZrgU.

人脈複利

The Connector's Advantage: 7 Mindsets to Grow Your Influence and Impact

作　　者　蜜雪兒・提利斯・萊德曼（Michelle Tillis Lederman）
譯　　者　温澤元
主　　編　呂佳昀

總 編 輯　李映慧
執 行 長　陳旭華（steve@bookrep.com.tw）

社　　長　郭重興
發 行 人　曾大福
出　　版　大牌出版 / 遠足文化事業股份有限公司
發　　行　遠足文化事業股份有限公司
地　　址　23141 新北市新店區民權路 108-2 號 9 樓
電　　話　+886-2-2218-1417
傳　　真　+886-2-8667-1851

印務協理　江域平
封面設計　賴維明 @ 雨城藍設計
排　　版　新鑫電腦排版工作室
印　　製　成陽印刷股份有限公司
法律顧問　華洋法律事務所　蘇文生律師

定　　價　480 元
初　　版　2020 年 7 月
二　　版　2022 年 12 月

電子書 E-ISBN
ISBN：9786267191378 (EPUB)
ISBN：9786267191361 (PDF)

國家圖書館出版品預行編目資料

人脈複利 / 蜜雪兒・提利斯・萊德曼 (Michelle Tillis Lederman) 作；
温澤元 譯 . -- 二版 . -- 新北市 : 大牌出版 ; 遠足文化事業股份有限公司發行 , 2022.12
面；　公分
譯自：The connector's advantage : 7 mindsets to grow your influence and impact
ISBN 978-626-7191-38-5 (平裝)
1. CST: 人際關係　2. CST: 成功法

177.2　　111018152